Bernard de Foix de la Valette, Duc d'Épernon, succéda à son père dans le titre de Duc, ainsi que dans le gouvernement de la Guyenne, et mourut en 1661.

Jean-Louis de Nogaret de la Valette, Duc d'Épernon, père du précédent, né en 1554, d'une famille noble de Languedoc, mort en 1642; fut l'un des mignons de Henri III, comblé de faveurs par prix de ses indignes complaisances, créé Duc et pair, gouverneur de Metz, du Boulonnais et de la Normandie — (1581-1584) il devint amiral de France en 1587. Il fut l'un des derniers à reconnaître Henri IV, il obtint cependant de ce prince le gouvernement de la Provence, et finit par gagner toute sa confiance. Il se trouvait dans le carrosse du roi quand le prince fut assassiné; on l'accusa de complicité mais l'affaire fut étouffée. Il fit donner la régence à Marie de Médicis et jouit auprès d'elle d'un grand crédit; mais Richelieu le fit disgracier par Louis XIII. On lui donna pour l'éloigner, le gouvernement de la Guyenne.

ADVERSIS CLARI

LES ARMES TRIOMPHANTES
DE SON ALTESSE
MONSEIGNEVR
LE DVC DESPERNON
POVR LE SVIET DE SON HEVREVSE ENTREE
FAITE DANS LA VILLE DE DIION LE 8ME MAY
1656
A DIION
Chez PHILIBER CHAVANCE IMPRIMEVR
ET MARCHAND LIBRAIRE DEMEVRANT
EN LA RVE SAINCT IEAN
A LENSEIGNE DV PETIT IESVS

Gedran inu
Mathieu f.

LES ARMES
TRIOMPHANTES
DE SON ALTESSÉ,
MONSEIGNEVR,
LE DVC D'ESPERNON.

POVR LE SVIET DE SON HEVREVSE ENTRE'E
Faite dans la ville de Dijon, le huictiéme iour du mois de May,
mil six cens cinquante six.

A DIION,
Chez PHILIB. CHAVANCE,
Imprimeur & Marchand Libraire,
demeurant en la ruë Sainct Iean,
à l'Enseigne du Petit Iesus.

M. DC. LVI.

AV

LECTEVR,

SALVT.

M Y. Lecteur s'il te reste encore quelque sentiment d'affection pour la Bourgongne, tu prendras part à cette commune réjouyssance, si tu la trouue onereuse, ie te puis asseurer que d'ailleurs elle est honorable, & t'apporte son vtilité puis que son objet se fonde sur le seruice du Roy, sur le repos public, & sur la ruine de ceux qui le troublent, que si ces raisons ne contentent ton esprit, ie te conjure auparauant que de former aucun iugement de mettre l'interest à part, & de ne rien donner ny à l'enuie, ny aux autres passions qui en voudroient offusquer ou ternir les lumieres, & de ne prendre autre party que celuy du Roy, de la Iustice & de la raison, te suppliant pareillement que les acclamations publiques ne t'attristent pas en ton particulier, elles seront d'autant plus grandes qu'elles seront communes. I'estime de plus que tu n'es pas si bizarre que de porter le dueïl de la ioye publique, ny si ingrat que de t'offencer des graces de ton bien-faicteur, que si tu crains qu'il ne t'en couste quelque chose, tu en seras quitte pour vn applaudissement. Et si la vertu, les soings & les armes de nostre Gouuerneur s'emploient à ton repos, tu dois aussi deposer toute inquietude, & ne dois point auoir de fiel pour celuy, qui te fait iouïr de la douceur de tes biens, de ta liberté, & de ta vie ADIEV.

LA VILLE DE DIION.

A

MONSEIGNEVR,

MONSEIGNEVR BERNARD DE FOIX DE LA VALLETTE,

DVC D'ESPERNON, DE CANDALE, PAIR ET COLONEL GENERAL DE FRANCE, PRINCE CAPTAL DE BVCH, SIRE DE L'ESPARRE, CHEVALIER DES ORDRES DV ROY, ET DE LA IARRETIERE, GOVVERNEVR ET LIEVTENANT GENERAL POVR SA MAIESTE EN SES PAYS DE BOVRGONGNE ET BRESSE, &c.

MONSEIGNEVR,

Si les objets de ces belles & vertueuses qualités, qui reluisent en vostre
personne, & qui sont la merueille de
nos iours, & les delices de nostre sie-

ã iij

cle peuuent combler cette Prouince de felicité , d'amour & de bon-heur: nous n'en - auons pas moins d'obligation à voſtre illuſtre naiſſance qu'aux marques precieuſes de vôtre generoſité. C'eſt ce qui fait que la ville de Dijon deliurée de ſes ennemis, fauoriſée de vos graces , & couronneé de vos Lauriers, paroiſt auiourd'huy à voſtre conſpect pour vous rendre ſes ſoûmiſſions, vous aſſeurer de ſes obeïſſances, & vous remercier des graces dont elle ſe ſent redeuable à voſtre Valeur. Voſtre Maiſon Illuſtrée de tant de Royalles alliances , & cet amour naturel dont vous l'aués ſi puiſſamment adſtrainte l'obligent auſſi à ce deuoir, elle vous regarde comme ſon Liberateur, comme celuy à qui elle doit ſon eſtre & par les ſoins duquel elle rentre dans la iouïſſance de ſes biens , de ſes priuileges, & de ſon ancienne liberté, elle confeſſe que les honneurs acquis par voſtre eſpée luy ont auſſi aſſeuré la tranquillité, le repos & la ſeureté de ſes Habitans; que ſi parmy les diſgraces communes des guerres inteſtines de la France, accablée de triſteſſe, ſurchargée de partis & opprimée de contributions, elle s'eſt reſſentie des funeſtes efforts de la rebellion, qui ſous vn feint pretexte s'eſtoit inſolemment emparée des principales places de la Prouince, dont elle faiſoit des victimes à ſon inſatiable auidité: Aujourdhuy qu'a la faueur de voſtre ſecours & de vos victoires elle commence à reſpirer vn air plus doux, & que voſtre heureux aduenement en cette Prouince par vn plus heureux changement conuertit en Palmes tous ſes Cypres, que meſmes elle ſe met à labry des tempeſtes des ennemis de l'Eſtat ſous les delicieux ombrages de vos Lauriers, aggrées s'il vous plaiſt

ã iiij

MONSEIGNEVR qu'a cette Entrée triomphante, parmy les acclamations publiques & les chants d'allegreſſe de nos Citoyens, elle vous conſacre pareillement les myrthes amoureux, & les couronnes Ciuiques, qui ſont acquiſes à voſtre generoſité, elle vous les offre auec les meſmes ſoûmiſſions, qui ſont deuës à celuy, qui repreſentant en cette Prouince la Sacrée Perſonne de Sa Majeſté Royale, forme les ioyes publiques, r'aſſeure nos craintes & remplit de paix, de felicité & de bon-heur le pourpris de cette Prouince, C'eſt ce qui fait qu'aux vœux qu'elle preſente continuellement à la Majeſté Diuine pour la proſperité de voſtre Perſonne & de voſtre heureux & deſiré Retour, Elle adjouſte les offres non ſeulement des cœurs, des langues, & des voix de tous ſes Citoyens, mais encores des reſpectueuſes obeïſſances,

& humbles foûmiffions de fes Magiftrats qui le glorifieront eternellement
de l'execution de vos Commandemens
eftans

MONSEIGNEVR,

DE VOSTRE ALTESSE;
Les très-humbles, très-obligés, & tres-obeïffans
Seruiteurs, les Maires, Efcheuins & Scindiqs de la
ville de Dijon.

NOMS ET SVRNOMS
de Messieurs les Magistrats, & Officiers de la Chambre de ville de Dijon,

Noble Iean Siredey Conseillier du Roy Viçonte Majeur.

ESCHEVINS.

Maistre Isaac Quarré Aduocat.
Claude Desgan Marchand.
Claude le Moyne Marchand.
Maistre Benigne Griguette Aduocat.
Maistre Anthoine Corderot Medecin.
Maistre Hieremie Villemin Notaire.
Maistre Iacques Baudot Aduocat.
Maistre Philibert Huissier Aduocat.
Maistre Iean Baptiste Monyot Aduocat.
Maistre Claude Parisot Notaire.
Maistre Claude Changenet Procureur.
Maistre Anthoine Valeret Bourgeois.
Maistre Iean Regnault Notaire.
Maistre François de Siry Procureur.
Maistre François Labotte Bourgeois.
François Iacquemin Marchand.
François Pidard Marchand.
Maistre Pierre Guenebaut Greffier au Grenier à sel.

PROCVREVR SCINDICQ.

Maistre Hugues Besanceuot, Procureur à la Cour.

SECRETAIRE.

Maistre Iean Thibert Procureur à la Cour.

PRVD'HOMMES.

Maistre Estienne Beruchot Notaire.
Simon Iobert Marchand.
Claude Peletier Marchand.
Nicolas Derequelaine Appoticaire.

L'Inclination naturelle qui porte l'efprit au defir des chofes aymables, & qui iette les premiers fondements de l'amour, formoit les defirs ordinaires des Magiftrats pour le retour de S. A. Monfeigneur le Duc d'Efpernon en cette Prouince, lors que par vn bon-heur non preueu vne Lettre efcrite à Eſſone par S. A. & dattée du 21. Avril 1656. donnoit aduis aux Magiftrats du iour de fon Arriuée en cette Prouince qui deuoit eftre le Ieudy fuiuant.

Monfieur Siredey Vicomte-Majeur l'ayant reçeuë le Dimanche vingt-troifiéme dudit mois fit à ce fujet affembler Meffieurs les Efcheuins, & en ayant fait faire la lecture en leur prefence, elle fut receuë auec les refpects ordinaires qui font deus aux ordres DE SON ALTESSE, & confiderée comme la premiere meffagere de la felicité publique, auffi allumât elle vne faincte ardeur & vne loüable emulation parmy ceux qui compofoient le corps de ladite Chambre, qui donna lieu à deux deputations qui furent faites par vn mefme corps pour luy rendre de la part de la Ville les honneurs & refpects qui eftoient deus à la perfonne, à la naiffance, & à la dignité DE SADITE ALTESSE, les vns allerent à fon rencontre iufques à Auxerre, & les autres à Montbart, ou ils furent reçeus auec l'affabilité ordinaire A SADITE ALTESSE.

Le Ieudy fuiuant vingt-feptiéme Avril, qui eftoit le iour qu'il deuoit arriuer à Dijon, Monfieur Siredey (que la vertu & la voix du peuple auoit efleué à la charge de Vicomte-Majeur) témoigna par fes foins & par la diligence qu'il apporta en ce rencontre, tout ce qu'vne refpectueufe obeiffance peut fuggerer à vn Magiftrat en vne pareille conionĉture, eftant à cét effet accompagné de Meffieurs les Efcheuins, de Meffieurs les Officiers de la Ville, & de plufieurs des Habitans lefquels montés à l'aduantage, firent en figne de refioüyffance publique porter deuant eux vn Guidon que l'on gardoit par rareté depuis plufieurs fiecles au threfor de la Ville, & qui leur fut autrefois concedé par le Duc de Bourgongne, & en cét eftat allerent à fa rencontre iufques à vn lieu qui eft entre Darroy & le Val de Suzon, où luy ayant fait la reuerence mondit fieur le Maire portant la parole l'affeura de l'affection & obeiffance de tous les Citoyens.

En suitte dequoy tout le corps de Caualerie qui estoit fort considerable s'estant joint à sa suitte, l'accompagna iusques au Logis du Roy : son Entrée fut felicitée par les acclamations publiques & annoncée aux voisins par la bouche des Canons, tant de la Ville que du Chasteau.

Et d'autant que SON ALTESSE auoit par sa diligence preuenu les Ouuriers qui trauailloient pour l'appareil de l'entrée solemnelle qui deuoit luy estre faite en qualité de Gouuerneur General pour Sa Majesté en ses Prouinces de Bourgongne & Bresse, elle eust cette bonté que d'en vouloir differer la solemnité pour donner temps aux Ouuriers de satisfaire à ce qui leur auoit esté ordonné par les Magistrats.

Le Dimanche septiesme de May mil six cens cinquante six, qui fut la veille de l'Entrée, SADITE ALTESSE accompagnée seulement de deux ou trois de ses Domestiques alla coucher aux Reuerends Peres Chartreux, ou le lendemain Monsieur le Vicomte Maieur luy ayant rendu visite en particulier à fin de prendre ses ordres, SADITE ALTESSE, luy fit entendre que ce mesme iour à deux heures apres midy ils receuroit les Harangues de toutes les Compagnies.

Cét ordre donna sujet audit sieur Vicomte Majeur d'assembler le Corps de la Chambre, & sur vne heure & demie se rendit aux Chartreux, ou ce mesme iour SON ALTESSE auoit pris sa refection

Ce fut aussi en ce mesme lieu que par vn concours vniuersel de toutes les Compagnies Souueraines & subalternes, le silence & la solitude des Chartreux se trouua interrompüe pour quelque temps, pour receuoir les protestations d'amour, de fidelité & de seruice de toutes lesdites Compagnies qui furent introduittes dans la salle ou estoit SADITE ALTESSE, ou Monsieur de la Margrie, Cheualier & Conseillier du Roy en ses Conseils, & premier President au Parlement de Bourgongne à la teste des Deputéz du Parlement, luy ayant porté le discours, il fut pareillement suiuy de Monsieur du Guet, aussi premier President en la Chambre des Comptes, qui commença les premieres fonctions de la charge, où il auoit esté receu ce iour mesmes, par vn discours qu'il porta A SADITE ALTESSE au nom de la Cour des Comptes, qui fit cognoistre que son eloquence sçauroit bien maintenir la dignité de cette charge & proteger les interests d'vne Compagnie si celebre.

Monsieur Vallon Sieur de Mimeures & plus ancien de Messieurs les Treforiers de France luy porta vn difcours fur le mefme fujet & en fuitte les autres Officiers des Bailliage, Chancellerie & Cour des Monnoyes lefquels euffent efté inferés en ce lieu pour la fatisfaction publique fi ceux qui en auoient fait part A SON ALTESSE en euffent voulu gratifier le Public.

Apres que lefdits Sieurs du Parlement, de la Chambre des Comptes, du Threfor, du Sceau & du Bailliage eurent prononcé leurs Harangues dans la Salle ou ils furent conduits par le Sieur de Baurroche, Monfieur le Vicomte Majeur accompagné de tout le Corps de la Chambre de Ville y fut pareillement introduit où ledit Sieur Vicomte Majeur par l'eloquence de fon difcours qui felicitoit l'Entrée DE SADITE ALTESSE fit voir que fon Gouuernement & fa protection eftoient les plus folides affeurances de noftre bonheur, à quoy SADITE ALTESSE repartit auec les tefmoignages d'amour, de tendreffe & d'affection tant pour le General que pour les particuliers de cette Ville : mais principalement pour les Magiftrats.

Les Harangues finiés, le Sieur Vicomte Majeur comme Chef des Armes s'eftant mis à la tefte de l'Infanterie prefenta A SADITE ALTESSE, vn Efcadron de huit mille Combatans comme l'eflite des forces de la Ville & de l'Infanterie Dijonnoife auec vn compliment fur le fujet des Armes, cet objet donna vne fatisfaction nompareille A SADITE ALTESSE, laquelle euft cette bonté de voir paffer & deffiler toute cette Infanterie qui fut rengée en haye dépuis la Porte d'Oufche iufques au logis du Roy.

Si l'Infanterie eftoit nombreufe la Caualerie ne luy cedoit pas, SON ALTESSE s'eftant prefentée à la porte d'Ouche fuiuie d'vn Corps de Caualerie tres-confiderable tant des Gentils-hommes, que des Bourgeois de la Ville, ce fut en ce lieu que ledit Sieur Vicomte Majeur en habit long accompagné de tous Meffieurs de la Chambre, comme Chef de la Police & Maire de la Ville, luy renouuella fes foûmiffions & luy prefenta les Clefs de ladite Ville en vn fac de velours vert luy ayant encores à ce fujet porté vn nouueau propos d'ont l'eloquence & la grace ne cedoit rien aux precedens difcours qu'il auoit fait, lefquelles Clefs ayant efté acceptées par SADITE ALTESSE, elles furent remifes à fon Lieutenant des Gardes pour les reftituer audit Sieur Vicomte Majeur ce qui fut fait à l'inftant.

En mefme temps quatre de Meffieurs les Efcheuins luy prefenterent le Poëſle, ou Daix quils porterent deuant ſa perſonne iuſques à la porte de la ſainte Chapelle, marchant auſſi deuant luy. Meſſieurs du Clergé, qui auoient eſté à ſon rencontre auec les Croix & Bannieres & leſquels par la bouche de Monſieur Quarré grand Prieur de ſainct Benigne luy firent auſſi porter vn excellent diſcours ſur le ſujet de ſon heureuſe arriuée en ſon Gouuernement qui leur renouuelloit les eſperances certaines, & la ioye aſſeurée d'vne nouuelle protection, dans toutes les occurences, qui pouuoient appuyer leurs intereſts. En ſuitte dequoy eſtant deſcendu de Cheual deuant la porte de la ſaincte Chapelle, il entra en icelle ou Meſſieurs les Chanoines l'ayant receu & s'eſtant mis à genoux à l'entrée de l'Egliſe ſur vn carreau de velours on luy preſenta la Croix pour la baiſer, apres quoy Monſieur Perdriſet l'vn des Chanoines de ladite Egliſe & Treſorier en icelle luy auroit porté vn diſcours au nom deſdits Sieurs Chanoines & Chapitre, lequel eſtant paracheué SADITE ALTESSE fut conduite au Cœur ou les accords de la Muſique & des Orgues ne furent pas oubliés au *Te Deum*, qui fut chanté ſolemnellement pour remercier la Bonté Diuine du bien qu'elle faiſoit à toute cette Prouince ſous l'heureux Gouuernement DE SADITE ALTESSE.

Cette Entrée ſe rendit celebre & magnifique non ſeulement par la pompe de ſon appareil : mais encores par le concours de toute la Nobleſſe de la Prouince ou huit cens Gentils-hommes accompagnans SADITE ALTESSE firent voir qu'elle ſe ſçauoit acquerir les cœurs de la Nobleſſe de Bourgongne, auſſi bien que les affections du Peuple Dijonnois.

Voila l'ordre des ceremonies de cette Entrée, il reſte maintenant de voir la pompe & l'explication des Portiques.

> *Que ces fameux objets de gloire,*
> *Dont la pompeuſe antiquité,*
> *Entretient la poſterité,*
> *Des merueilles de ſon hiſtoire,*
> *Cedent à l'Illuſtre renom,*
> *Du Victorieux d'ESPERNON.*
> *Reueré par toute la France ;*
> *Puis que leurs traits enſeuelis,*
> *Dans l'horreur d'vn profond ſilence,*
> *N'ont plus de verité que pour nos fleurs de Lys.*

EXPLICA

BERNARDO
FOXÆO·PRINCIPI
ILLVSTRISSIMO
FOELICITATIS
PVBLICÆ·REDVCI

PETITE DECORATION QVI SERVOIT DORNEMENT A LA PORTE DOVCHE OV LA
FELICITE PVBLIQVE ESTOIT REPRESENTEE ASSISE ET PORTANT EN SA MAIN DROITE
VNE COVRONNE DE FLEVRS ET EN LA GAVCHE VN CORNET DABONDANCE

EXPLICATION
DV PETIT
PORTIQVE
qui eſtoit à la Porte d'Ouche.

ETTE affectueuſe paſſion qui formoit dans les cœurs de nos Citoyens vn ſouhait general du retour DE SON ALTESSE, entretenoit les Dijonnois dans vne telle impatience de reuoir ce iour fauorable qui deuoit auſſi la r'amener en cette Prouince, que ſur l'aduis que l'on receut qu'il feroit ſon entrée par la porte d'Ouche, les Magiſtrats pour en ſolemniſer la reception creurent que cette Porte deuoit eſtre exterieurement reueſtuë de quelques marques de decoration & de réjouyſſance publique, c'eſt auſſi ce qui les fit recourir aux inuentions de l'Art & aux ornemens de l'Architecture, afin que l'éleuation de la premiere entrée fit voir aux Citoyens ce qu'ils deuoient eſperer de la venuë DE SON ALTESSE.

L'aurore chaſſe peû à peu les tenebres de la nuit, & par des accroiſſemens inſenſiblement ſenſibles nous ramene enfin la lumiere du iour, nous eſtions enſeuelis dans les obſcurités & les tenebres Cimmeriennes des partialités ciuiles, ou la diſcorde s'eſtant inſolemment emparée des volontés d'vne partie de nos Habitans, nous laiſſoit à demeſler vn chaos de confuſions ; mais l'heureux adue-

A

nement DE SON ALTESSE ayant reüny nos cœurs, & nous faisant part des douces & fauorables lumieres de sa presence, non pas comme vne aurore naissante, mais bien comme vn Soleil rayonnant à dissipé les nuits orageuses de nos diuisions intestines, defait les ennemis, à reüny les volontés au seruice de sa Majesté, pour nous faire iouyr à longs traicts des aduantages de la paix, comme l'auantcouriere de nostre bon-heur qui ne se pouuoit mieux exprimer que par le simulachre de la felicité publique lequel fut erigé sur la premiere Porte en la mesme façon qu'elle fut anciennement representée par Cebes le Thebain, c'est à dire, siegeant dans son throsne, & portant vne couronne diuersifiée de quantité de fleurs, s'il m'estoit loisible de donner quelque interpretation à cette figure, ie fonderois mon raisonnement sur ce que les fleurs estants pour l'ordinaire consacrées à l'amour, elles ne furent jamais espargnées aux entrées des Princes genereux, mais particulierement sont-elles deuës A SON ALTESSE, comme les veritables marques de la bien-veillance de ses intentions, & des douceurs que nous deuons esperer de son heureux gouuernement. Ce qui me faict iuger que des premiers commencements de son administration, nous pouuons inferer combien plausible en sera le progrés puis que l'entrée en est si belle, si fauorable, & si ardemment & vnaniment desirée de nostre peuple.

Il est comme l'Oranger qui en touttes saisons donne des marques inepuisables de sa fecondité, & distribue sans cesse ses fueilles, ses fleurs, & ses fruicts, faisant naistre mille plaisirs conjoincts à l'vtilité publique, de la est que nos Habitans redoublans leurs desirs & leurs affections pour jouyr de sa chere & desirée presence rappelloient la lumiere du iour pour dire auec cet ancien.

Phosphore redde diem quid gaudia nostra moraris?
Cæsare venturo Phosphore redde diem.

C'est aussi ce qui donna occasion aux Magistrats en suitte des victoires signalées DE SON ALTESSE de luy eriger en action de graces apres tant de trauaux, la recompense ordinaire de la vertu qui est l'honneur du triomphe qui luy fut destiné pour son Entrée.

Mais d'autant que le premier object & le but principal de nos intentions se rapporte à ce point de faire en sorte que ie puisse donner à ce dessein (quoy qu'assez confus) quelque Symmetrie & rapport conuenable, & cognoissant assez que les operations de l'Art, aussi bien que les productions de l'esprit tirent leur aduantage de l'ordre qui resulte d'vn estre plus parfaict, i'ay imité l'Ours, & d'vne masse informe & confuse de mon insuffisance i'ay desiré d'en former vn corps accomply, lequel comme vn corps humain se pourra diuiser en quatre parties principales, qui seront les quatre Arcs triomphaux destinés par les Magistrats pour la reception & entrée DE SON ALTESSE, sous les auspices de laquelle cet œuure sortant de l'obscurité pour paroistre à la lumiere du jour orné des liurées ie veux dire des belles actions DE SON ALTESSE qui comme des viues lumieres l'enuironnent & le couurent de touttes parts, ie me confirme dans cette pensée qu'ayant pris sa naissance sous vn astre si fauorable, par la benignité de ses influences il se pourra garentir de l'oppression, & que comme ces belles statuës que l'antiquité faisoit de cedre, il ne sera pas subiect à la morsure des vers, ie veux dire que la dent de l'enuie & de la mal-veillance se treuuera esmousée & rabatuë si elle attentoit quelque chose au prejudice de ce que cet ouurage doit à la verité, & aux vertus DE SON ALTESSE. Tout l'appareil de ce triomphe fut tel en sa disposition.

Le premier Arc portoit pour son subjet l'amour du peuple Dijonnois designé par le concours des graces & des amours en la reception DE SON ALTESSE.

Le second faisoit voir les obligations que le peuple & generalement toutte la Prouince auoit à sa valeur, qui le faisoit considerer comme restituteur de nostre liberté.

Le troisiéfme s'esleuoit sur l'importance & sur l'vtilité de ses victoires au nombre de trois acquises en moins d'vn An en la Prouince de Bourgongne au grand contentement de tous les Bourguignons.

Le quatriesme tiroit son subjet du triomphe preparé par les Magistrats à l'honneur & à la vertu DE SON ALTESSE en suitte de ses victoires. Voila generalement tout le dessein de cet ouurage que si la curiosité ne se treuue satisfaite, nous pouuons en destail considerer qu'elles en estoient les structures.

EXPLICATION DV I. ARC
de l'Amour du peuple, erigé sur le Pont-Arnaut.

ORS que Platon à nommé l'amour pere de la gentillesse & de la subtilité, cet excellent Philosophe faisoit voir par la qu'il en auoit vne particuliere cognoissance, car rien ne rend l'esprit plus accort, rien ne le subtilise d'auantage que cette passion: C'est elle qui attirée par les belles, genereuses & victorieuses actions DE SON ALTESSE comme les auant-courieres de nostre amour à gaigné les cœurs des Citoyens & des Magistrats pour la disposition du premier Arc qui n'auoit en soy aucune partie qui ne fut amoureusement delicieuse, ce fut doncques l'amour du Peuple qui en deseigna le plan, & qui en fit les fondemens, les alliances, la generosité, & les graces DE SON ALTESSE y apporteront les ornemens necessaires pour son eleuation: C'est cet amour qui est le plus puissant directeur des Estats, lequel sçait reciproquement & insensiblement attacher par des chaisnes indissolubles les affections des sujets au cœur du Prince pour puis apres les disposer à la iouyssance des faueurs qu'ils en doiuent esperer, c'est ce mesme amour qui est l'autheur de cette allegresse laquelle ne se pouuant contenir dans l'interieur, réjallit sur le front, sur les yeux, & dans la bouche d'vne infinité de Peuples, dont la voix publique porte tesmoignage d'vne rejouyssance extraordinaire, & telle qu'elle ne se peut exprimer par le discours sans diminuer quelque chose de ses attraits & de sa naïfveté; mais pour ne nous pas esloigner de nostre sujet, la Ville de Dijon comme la plus interessée y paroissoit à la droite sur vn pied destal habillée à l'antique à la façon de la grande mere des Dieux, laquelle paroissoit comme vne ancienne matrône qui se rendoit venerable par sa vieillesse, elle estoit vestuë d'vne robe peinte de fleurs & d'vn manteau tissu d'herbes vertes, ayant sur la teste vne cou-

PREMIER ARC.

LE premier Arc tiroit son sujet de l'amour du peuple à l'endroit DE SON ALTESSE, il estoit representé sous la figure des petits Cupidons, portant des Couronnes & Rameaux de Mirthe, marqués A.

B. Les graces representées en relief renuersants des Cornets remplis de fleurs & de fruits pour signifier l'abondance & le bon-heur que le retour DE SON ALTESSE redonne à cette Prouince.

C. Le Dieu Hymen pere des alliances enuironné de petits amour qui soûtiennent les quatres alliances Royalles DE SON ALTESSE, auec la France, l'Aragon, l'Hongrie & l'Angleterre.

D. Inscriptions & Poësies au sujet de l'amour du Peuple & des graces.

E. La Deesse Cibelé representant la Ville de Dijon aussi enuironnée de petits amours comme les veritables Images de celuy de ses Citoyens, elle presente les Clefs A SON ALTESSE, lesquelles bien qu'elles soient le Symbole de la puissance, sont neantmoins en cette representation la marque veritable de ses soûmissions & obeïssances.

Deux Bases en cirage ou des petits amours couronnent de fleurs les Lettres Capitales du Nom DE SON ALTESSE, *BERNARDVS FOXAEVS, ESPERNONIVS, CANDALAEVS, VALLETANVS.*

A

B

G

E

D

BVRGVNDICI·PIGNVS·AMORIS·

ronne faite à tourrions, & plusieurs tambours, & tenant d'vne main
vne clef, le tout representé suiuant la methode des anciens Myto-
logistes, les vns la prenoient pour vne Sybille, les autres pour la
terre, ce qu'ils signifioient par la figure orbiculaire du tambour,& par
la couronne murale designoient les Villes & Chasteaux dont sa
surface est tousiours reuestuë.

Muralique caput summum cinxére corona,
Eximiis munita locis quod sustinet orbes.

Et parce que anciennement c'estoit vne chose fort vsitée de
choisir les lieux les plus releués pour la construction des Villes,
non pas tant pour la crainte d'vn second deluge qui trauailloit encores les mortels, comme afin que cette scituation plus releuée
rendit l'accez des Villes plus difficile à ceux qui voudroient exercer quelque acte d'hostilité, & comme la Prouince de Bourgongne est ornée & fortifiée de quantité de Chasteaux & places considerables, & que particulierement la Ville de Dijon se treuue en-
tourée de Tours & Bastions qui l'enuironnent de tous costez, l'on
auoit couronné cette figure de la couronne murale, & pour monstrer qu'elle emprunte son plus bel ornement & qu'elle doit sa
subsistance aux soings & à la protection DE SON ALTESSE, elle
auoit vn escu ou les Armes de la Maison D'ESPERNON
estans blasonnées se voyoient entourées de Laurier pour donner à
cognoistre que les Armes DE SON ALTESSE victorieuses
estoient le seul & vnique bouclier qui mettoit la Prouince à couuert des inuasions des ennemis, les Clefs qu'elle portoit a la main
nous faisoient resouuenir de la diuersité de ses saisons, ou cette
Déésse ouurant ou refermant son sein nous donne liberalement ou
retient en soy ses productions; Mais le sens veritable de nostre
sujet caché sous la representation de cette figure estoit que comme
l'antiquité la representoit pour la Mere des Dieux, aussi nous auions
de la pris sujet de faire voir comme la Ville des Dieux, ou plustost
la Ville de Dijon qui en tire sa denomination, comme ie l'ay appris
des Anciens qui tiennent que *Diuio dicitur à Diuis*, elle estoit ancienne pour denoter l'antiquité de cette Ville dans laquelle nous
trouuons encore des marques du temps de Trajan. C'est celle mesme qui a eu cet aduantage de receuoir les premiers & plus doux
rayons de cet astre fauorable, dans les premieres années de son
Gouuernement & de nostre bon-heur, son manteau estoit tissu de
fleurs pour nous apprendre tacitement que si autrefois nous auions

fenty les efpines des aduerfités, que nous pouuons deformais efperer vn fiecle de benedictions fous l'heureux Gouuernement DE
SON ALTESSE, les couleurs du manteau de la Dééffe eftant
conformes à celle de noftre Gouuerneur auctorifent auffi nos efperances qui font defignées par icelle, & les Clefs qu'elle prefente A
SON ALTESSE, comme elles font les veritables marques de fa
puiffance, auffi le font elles de fes reconnoiffances & de fes foub-
miffions auffi bien que de fes allegreffes defignées par le tambour;
mais ce qui paroiffoit de plus innocent & delicieux eftoit la reprefentation d'vne trouppe de petits amours qui d'vn concours mutuel
auoient enfemblement conferté auec les graces & le Dieu Hymenée pour folemnifer cette reception & pour faire tomber fous les
fens de la Populace la fublimité de la Maifon & des alliances
Royalles DE SON ALTESSE, la l'on voyoit les amours des-
armés, qui (comme l'on faifoit autrefois aux Athletes victorieux) at-
tendoient le retour de noftre Prince pour luy faire part des Couronnes & des vœux à fon retour victorieux de la deffaite des Ennemis de l'Eftat, leur nudité & leur impuiffance les empefchant de
faire des riches prefens, ils vous prefentent par cet appareil exterieur les richeffes de leurs affections, la le Dieu Hymenée Pere des
alliances eftoit reprefenté entouré pareillement des petis amours
où le Peintre faifant voir la fubtilité de fon Art, imitoit fi bien la
nature dans la reprefentation, & dans la conformité de leurs vifa-
ges, que les plus fubtils les euffent pris pour freres Germains ou du
moins attachez fortement par la proximité des alliances Royalles
dont ils faifoient monftre, ou d'vn cofté l'on voyoit les armes de
France dans les mains d'Hymenée, celles d'Arragon, de Nauarre & d'Angleterre eftoient auffi en partie fupportées par les amours,
ou peintes fur les bafes qui feruoient à la decoration de cet Arc,
pour donner à cognoiftre qu'en vn mefme temps la Maifon DE
FOIX a efté illuftrée de puiffantes & fortes alliances auec tous les
Princes de la Chreftienté, particulierement de celle de France,
d'Angleterre, d'Arragon, & de Nauarre, & fe doit remarquer que
quatre Reynes fe font treuuées au grand honneur de la Maifon de
Foix en mefme temps porter les Couronnes de France, de Nauarre, d'Arragon & d'Angleterre. Ainfi voyons nous Anne de Bretagne
choifie pour eftre Reyne de France, laquelle eftoit iffuë de la Maifon de Foix, ainfi Catherine de Foix fut Reyne de Nauarre iffuë pareillement de mefme extraction & de Candale, ainfi Germaine Sœur

de Gaston de Foix fut Reyne d'Arragon & femme de Ferdinand,
comme aussi Anne de Foix , & de Candale fut pareillement honorée du Sceptre & de la couronne d'Hongrie , & de Boësme, tellement qu'il semble que les honneurs, & les Couronnes de la Chre-
stienté ne soient destinées que pour illustrer & seruir d'ornement à
cette auguste & Royalle Maison.

Que dirons nous de la generosité & valeur de Gaston de Foix
premier Duc de Nemours & Nepueu de L O V Y S X I I. Roy de
France, & qui est celuy si peu versé dans l'Histoire qui ne sçache
ses exploits Militaires ? qui ne le regarde comme vn Conquerant ?
qui apres auoir seruy nos Roys faict trembler toutte l'Italie.

C'est enfin comme vn autre Phenix enseuely dans ses Lauriers
pour renaistre dans l'eternité ; qui est celuy qui considerant la grandeur & magnificence de l'estre dont il estoit sorty n'ayt aussi-tost ad-
uoüe que la gloire de sa naissance alloit du pair auec cette generosité qui fait le plus beau lustre de l'Histoire, laquelle nous faisant
voir en beaucoup d'endroits des Princes dont la naissance se rendoit
considerable par quelques marques de Souueraineté qu'ils apportoient au monde , les vns portoient en leurs corps l'impression d'vne
hache comme Pithon de Nisibe , les Enfans de Seleucus auoient
tous à la cuisse vne ancre imprimée , la famille des Harpiens mar-
choit sur les charbons ardens sans se brusler, celle des Marsiens ma-
nioit impunement les Viperes , d'autres portoient l'image d'vne
lance ou d'vne espée naturelement grauée sur la cuisse pour marque
certaine de leur extraction, les autres des marques de feu, les autres
par des esseins d'Abeilles qui paroissoient visiblement sur leur bouche tesmoignoient à la posterité quelque marque de vertu. Mais
la plus belle & que ie treuue hereditaire dans cette Famille de Foix
c'est qu'outre la prudence qui leurs est naturelle, la Vaillance en ligne
directe a passé de Pere en Fils , & se continuë successiuement par
droit hereditaire ; c'est elle qui a fait admirer à la posterité le courage & la magnanimité de Iean de la Vallette Lieutenant General
pour le Roy en Guyenne , & Maistre de Camp de la Cauallerie
Legere de France l'vn des plus Vaillants accomplis , & Sages Cappitaines de son temps ; & qui a plus contribué que personne au
gain de la bataille de Dreux ou il commandoit la Cauallerie Legere, la Bataille de Montcontour fut l'vn de ses essais Militaires, & celle de Iarnac & de Chasteauneuf, la preuue de son courage , de la
confusion & desroute des Ennemis de l'Estat. C'est luy qui pendant

que Chartres eſtoit aſſiegé par les Huguenots fit la retraite d'Ou-
dan à la veüe de l'Armée Huguenotte ou commandoit l'Admiral
de Colligny.

CE IEAN eſt de l'eſtoc des Nogarets celebres ſous le temps
de Philippe le Bel, lequel en ſuitte des alliances de la Maiſon de
Thoulouſe en retient encores aujourd'huy les Armes.

D'iceluy eſt iſſu BERNARD Admiral & Grand Mareſchal de France qui par ſes Forces & Conſeils conſerua la Prouence contre les efforts de la Ligue Eſpagnolle & du Duc de Sauoye
lequel il battit & deffit en des Combats Generaux ou Batailles ran-
gées, & apres auoir deffait les Suiſſes en Dauphiné qui venoient au
ſecours des Princes, mourut au Lict d'Honneur en aſſigeant Ro-
quebrune, & fut tuë d'vne bale meurtriere qui luy perceant la teſte
termina ſa vie naturelle pour faire viure à la poſterité la memoire
de ſes exploits Heroïques.

A celuy cy ſucceda Iean Louys de Nogaret de la Vallette Duc
d'Eſpernon Pere DE SON ALTESSE qui fut vn Mars en vaillance, vn Hector en hardieſſe, & vn Neſtor en Conſeil, ſes belles
& aduantageuſes qualités jointes à cette martiale vigueur qui luy
eſtoit naturelle, luy acquirent l'amitié & la faueur des Roys Henry
III. & Henry IV. & le placerent dans les premieres dignités de
l'Eſtat, & comme la faueur eſt la compagne ordinaire du merite, ſa
vertu l'eſleua à la dignité de Pair de France, & ſon courage le mit
à la teſte de l'Infanterie Françoiſe pour y porter la charge de Colonel General, il ſe vit auſſi ſucceſſiuement pourueu des Gouuernemens
d'Anjou, Touraine, Prouence, du Perche, Angoulmois, Aulnis,
Xainctonge, & Limoſin, & ſembloit que comme vn autre Atlas
nos Roys ſe repoſoient entierement ſur ſes ſoings de l'adminiſtra-
tion du Royaume & de l'Eſtat. Ce fut enfin vn Seigneur, dont les
mœurs & la vie furent remplies de tant de merueilles, que ma
plume ne pouuant dignement exprimer la Nobleſſe d'vn ſub-
jet ſi releué renuoye le Lecteur à l'Hiſtoire, dont ſa vie faict le
plus bel & principal ornement pour la conſiderer dans ſon luſtre,
apres toutefois auoir fait reflexion ſur ſa pieté qui en touttes les occurences le fit bien meriter de noſtre religion & du Peuple dont ſa
bonté voulut embraſſer les intereſts, lors que la perſecution de ces
ſangſuës publiques (ie veux dire des Partiſans) menaçoit le Peuple
François d'vne generale oppreſſion.

C'eſt auſſi de cet Excellent Seigneur que SON ALTESSE
ayant

ayant pris sa naissance, elle a pareillement voulu sur ce modele conformer aussi touttes ses actions pour faire reuiure en sa personne la
generosité & les vertus de ses Illustres Predecesseurs. La Ville d'An-
goulesme en l'An 1592. felicita l'estat du bon-heur de sa naissance, nous deuons au sçauoir de Monsieur du Plessis la sage conduite
de son education, Monsieur de la Brou forma son corps aux exercices Militaires, ou ses inclinations, sa naissance & son agilité le
rendirent si excellent, qu'en peu de temps il espuisa la suffisance de
son Precepteur, & se rendit des plus adroits en cet Art qui sert d'ornement à la Noblesse.

Que si ses ieunes ans furent informés aux sciences & aux exercices Militaires, sa nourriture ne fut pas moins considerable par les
bontés de ce Grand Henry I V. du nom, qui recognoissant la
generosité de ce jeune Achilles le traicta auec tendresse, &
sentiment d'amour du tout extraordinaire en l'appellant son
Cousin & son parent; & comme son experience luy auoit appris
que la vertu consistoit en l'action, pour disposer sa personne aux
exercices ou l'appelloit sa naissance, il employoit sa ieunesse aux fatigues de la Chasse pour l'accoustumer à celle de la Guerre qui y ont
quelque conformité aussi bien que l'humeur & le courage de nostre
Conquerant, lequel ne se contenta pas de l'honneur qu'il receuoit dans
le Royaume, s'il ne se faisoit cognoistre au Nations esloignées pour
en remaquer les mœurs & les habitudes, cette pensée, le fit voya-
ger en Italie, de la aux Allemagnes, ou l'Empereur Rodolphe recognoissant que sa vertu & ses inclinations au seruice du Roy le deuoient vn iour appeller à la Conqueste des Nations Estrangeres
luy fit pareillement present de leurs Armes comme choses deües
à son courage, & que sa Valeur se deuoit vn iour approprier, c'est
assez dire qu'ayant les affections du Roy & qu'estant consideré par
ceux qui gouuernent comme le premier mobile des plus hautes entreprises, il a tousiours suiuy & secondé pour le soulagement des peuples les intentions de sa Majesté, laquelle pour le bien commun de
toutte la Bourgongne a esté inspirée de nous l'enuoyer pour nous
faire jouyr par ses soings & sous sa conduite d'vn repos asseuré apres
les mal-heurs & les disgraces de la guerre, c'est ce qui à fait que dans
la contemplation de nos ruines, & parmy les vsurpations violentes de
nos Ennemis sçachants, MONSEIGNEVR, que la charge &
le soing de reduire les rebelles à leur deuoir vous estoit conferée,
nous renouuellasmes en mesme temps nos esperances abbatuës, &
vostre courage r'asseurant nos timidités, nous desirasmes ardem-

B

ment voftre fecours dans les mal-heurs publics, lefquels comme ils diminuèrent fenfiblement dans l'efperance que nous aurions mieux de voftre venuë; auffi fe terminerent-ils entierement par voftre prefence, c'eft la raifon pour laquelle en ce temps de refiouyffance que la Ville deftine à la reception de V. A. que les Graces & les Amours concourent vnanimement pour en dreffer l'appareil.

Les Atheniens en receuants Demetrius Poliorcetes apres qu'il eut chafsé Phalereus qui les tenoit en feruitude pour Caffander Roy de Macedoine, luy prefenterent vne trouppe d'enfans veftus de blanc, nous imitons ces peuples, & fous cette reprefentation nous auons voulu faire vne demonftration de l'Amour populaire qui eft comme l'honneur, car tout ainfi que les honneurs fe conferent fuiuant la diuerfité des excellences pour lefquelles l'on honore, de mefme les productions de l'amour font differentes, felon la diuerfité des bontés qui le caufent, & puifque SON ALTESSE nous affifte iournellement de fes faueurs, auffi peut elle mettre au nombre des acquifitions qu'elle à faictes, les cœurs d'autant de perfonnes qu'il y a de Citoyens dans l'eftenduë de fon Gouuernement. C'eft la raifon qui nous oblige pour correfpondre à cette commune dilection, outre les offres que nous luy faifons de nos cœurs, de luy rendre des actions de graces de ce que dans les difgraces communes il a fceu pour noftre defcharge accommoder fes ordres à nos commodités, & les conformer aux reigles de noftre pouuoir, nous luy deuons des actions de graces d'autant plus grandes que le bienfaict eft general, qu'il eft gratuit, & qu'il eft conferé promptement. Les graces ont efté eftimées de l'antiquité filles de Venus & du Pere Liber, pour nous apprendre qu'elles font l'effect d'vne affection libre & d'vne ame genereufe telle que celle DE SON ALTESSE, dont les foings concourent volontairement librement & diligemment pour noftre falut, & pour l'vtilité publique.

Seneque nous les reprefente au nombre de trois, l'vne bienfaifante qui donne, l'autre qui reçoit, & l'autre qui fait fa reconnoiffance, de luy procedent les graces comme nous les receuons de S. A.

Elles font appellées Χάριτες qui porte fignification d'allegreffe, parce que il y a grande apparence que la ioye tranfporte ceux qui font les bienfaits.

Les Poëtes qui fous l'obfcurité des fables ont caché mille belles allegories, feignent qu'elles fe lauent dans la fontaine d'Acidalie ou d'Acidale en Beotie pour nous monftrer que la pureté doit accompagner les bien-faits fans fe foüiller d'aucune efperance de retribution, Celles aussi que nous receuons DE SON ALTESSE sont dans leur pureté, elles retiennent quelque chose de la dignité de leur estre & de la Noblesse de leur Extraction, & ne sont souillées des sordides esperances du lucre, ny des distributions interessées d'vne retribution mercenaire, elles sont Nobles, elles sont gracieuses, elles sont gratuites, c'est à ce sujet que les Magistrats de la Ville de Dijon pour correspondre en quelque façon à vos bienfaits, ont couronné & reuestu la plus apparente partie de cette Architecture de trois Nimphes ou Vierges d'vne riche & belle taille, d'vne exquise beauté, & d'vne florisante ieunesse, lesquelles parmy les embrassements mutuels qu'elles se donnoient incessamment laissoient couler embas les cornets d'abondance dont elles respandent sur les Peuples mille innocentes & vtiles benedictions, les fleurs, & les fruits de la terre sortant, confusement de ces sources insepuisables, sembloient rassasier les esperances du vulgaire, elles estoient coiffées fort a l'aduantage, & voyoit-on flotter au gré du vent leurs cheueux sous la diuersité de leurs coiffures & des rubans qui agencez fort proprement augmentoient les graces naturelles de leurs visages, reuestuës à l'antique d'vne telle façon touttefois, que la drapperie n'ostoit point la grace de la nudité, & sembloient par leur front ouuert, par leur contenance graue & par leur visage riant faire renaistre parmy nos Citoyens des nouuelles esperances du salut & de la seureté publique.

Au dessus du corps d'Attique les amours voltigeants sembloient apporter quelque diligence aux ornemens & a la conduitte de ces festons amoureux qui par la gayeté de leur artifice seruoient de decoration à cette partie d'Architecture. Et en vn mot les graces y estoient representées de la mesme façon qu'Aristote en parle dans ses morales, c'est à dire comme autrefois leur temple fut erigé aux places publiques afin que chacun en peut tirer du secours, de mesme leurs simulachres furent esleués dans les ruës, afin de faire voir que comme les bienfaits de S. A. auoient pour objet le bien public, nostre recognoissance aussi en deuoit estre generale, telle estoit, MONSEIGNEVR, la disposition de cet Arc, qui sous l'ordre de ses figures portoit neantmoins vn sens caché. Elles estoient representées ieunes par ce que le bienfait ne doit iamais vieillir dans la memoire des ames genereuses, Vierges à cause de leur sincere candeur, approchantes la nudité pour monstrer qu'elles ne sont point attachées aux vtilités, auec vne robbe esclatante parce que le bienfaict se rend considerable par la confession de celuy qui en est gratifié, si nous ne sommes preuenus de quelque ingrate mescognoissance.

B ij

Nous nous trouuons reduits MONSEIGNEVR, par vos bienfaits
en vne grande perplexité qui nous tient en fufpens, fi bien que nous
doutons ce qu'on doit d'auantage admirer en vous, ou voftre valeur
enuironnée de tant de graces, ou bien vos graces couronnées de tant
de valeur, quoy qu'il en foit nous les pouuons auec Orphée confiderer comme les Meres de la ioye publique & les filles de voftre generofité qui apres auoir affeuré la liberté des paffages, nettoyé les Riuieres, faict ceffer les hoftilités, purgé les Villes des rebelles, eftably
le repos en cette Prouince, & ramené la fertilité & l'abondance à la
Campagne, vous aués à la fin rauiffant nos efperances gaigné les cœurs
de nos Citoyens, fait naiftre ces petits fils de la complaifance, ie veux
dire ces petits amours qui pour recognoiffance perpetuelle des bienfaits qu'ils ont receu de voftre courage, vous prefentent les Couronnes Ciuiques & la branche d'Oliuier comme à celuy qui a procuré
le falut & donne la paix à tous nos Citoyens, vous auez fait que ces
trois graces verfans abondamment fur nous ces cornets d'abondance, font en mefme temps diftiller les fauorables effets de vos foings,
qui me font refouuenir de l'oracle que rendit Apollon a deux excel-
lens Cappitaines de la Grece lefquels voulants baftir des Villes en
Pays eftrangers, eurent permiffion de choifir ce qu'ils trouueroient
& iugeroient plus aduátageux pour le bien & vtilité de leurs Citoyens,
Mifcellus qui baftit Crotone en la grande Grece choifit pour les fiens
la fanté, d'ou l'on tient que cette ville eftoit fort falubre, Archias
Fondateur de Syracufe choifit les richeffes, ce qu'elle acquit auec vne
facilité merueilleufe comme eftant le lieu le plus commode & le
haure commun de trois parties de la terre eftant fcituée entre l'Afri-
que, l'Europe, & l'Afie, nous pouuons dire que VOSTRE
ALTESSE, outre ces aduantages ramenant le bon-heur dans
la Prouince, nous fauorife encore d'vne chofe qui fans comparaifon
eft plus precieufe que la fanté & les richeffes, ce font les aduantages
de noftre liberté que Vos Armes (qui ont exterminé les rebelles) ont
renduë toutte entiere à nos Citoyens pour en feliciter voftre Gouuernement; c'eft ce qui nous oblige de vous rendre grace des graces qu'il Vous à pleû nous departir, non feulement de noftre liberté,
de noftre tranquillité & de Voftre fecours; mais encores de trois victoires fignalées qui font autant de graces dont voftre courage triom-
phant a voulu honorer cette Prouince, & qui fourniront la matiere, &
donneront lieu aux Architectures fuiuantes, apres toutesfois que la
curiofité du Lecteur fe fera faisfaicte des Infcriptions, & Poëfies
dont cet Arc eftoit reueftu.

INSCRIPTIONS
ET POESIES
DV PREMIER ARC.

Ans le Corps d'Attique qui supportoit les images des graces, cette Inscription paroissoit escrite sur vn fonds noir imitant la façon du marbre.

Adeste Ciues
plaudite Diuionenses.

Paternæ virtutis nobilitatis, & fortitudinis hæres redit Victor BERNARDVS FOXAEVS, ESPERNONIVS, ET CANDALAEVS DVX *strenuissimus, cui seruatis Ciuibus, prostratis hostibus, libertate cunctis restituta, hoc amoris publicique obsequij munus Vrbani Magistratus pro fælici laureato desideratóque reditu voto publico suscepto reddidére*

Et plus bas dans vne table d'attante qui estoit au dessus de l'Arcade principale de ce Portique l'on voyot ces mots.

Ciuitas Diuionensis
Deo Seruatori.

Iteratis pro fælici Gubernatoris expeditione & reditu ciuium votis, fausto aduentui vltro sese conferens Ciuium animos, cunctorum corda dat consecrat.

B iij

Et plus bas dedans les pleintes des deux Bases qui seruoient pour soustenir toutte l'Architecture, lesquelles estoient aussi decorées en forme de basses tailles de petits Cupidons, qui couronnoient de Couronnes Ciuiques & Triomphalles, les Lettres capitales du Nom DE SON ALTESSE, l'on voyoit ces vers.

Icy l'Extraction d'vne illustre naißance,
Faict esclater la gloire & marquer la Puißance
De l'ancienne Maison de CANDALE & de FOIX,
Vn Gaston l'auctorise en ses exploicts de Guerre,
L'histoire y fait briller l'alliance des Roys
De France, d'Arragon, d'Hongrie, d'Angleterre.

Et sur l'autre Base qui estoit a l'opposite de la premiere l'on y remarquoit ces autres vers ayans quelque rapport à la representation des graces.

Sa charmante bonté le rend Maistre des cœurs,
Les graces, les amours le couronnent de fleurs
La vertu l'enrichit des presens d'Amalthée,
Le Peuple Dijonnois se voyant conserué
Des funestes efforts de cette reuoltée,
Erige ce triomphe au Mars qui l'a sauué.

LE fecond Arc eſtoit dedié à la generoſité, & à la valeur DE SON ALTESSE, laquelle eſtoit repreſentée ſous l'Image d'vne Bellone aſſiſe ſur des trophées Militaires, & des dépoüilles des Ennemis vaincus, ladite figure marquée A.

B. La puiſſance Royale tenant le Sceptre couronné en main, de laquelle SON ALTESSE s'eſt feruie pour r'amener les Rebelles à leur deuoir.

C. L'Image de la renommée auec vne Trompette en ſa main, comme eſtant la voix publique, qui fait entendre par tout le Royaume les ſignalés ſeruices que SON ALTESSE à rendus, & rend iournellement à la prouince, & à l'Eſtat.

D. La fraude repreſentée ſous la figure d'vne femme aſſés belle en apparence; Mais dont la partie inferieure aboutiſſoit en queüe de Scorpion & tenoit vn maſque à la main, ſon viſage paroiſſoit abbatu de triſteſſe, elle a eſté miſe ſur cét Arc d'autant que les Ennemis de l'Eſtat ont inutilement vſé de toutes ſortes de ſurpriſes, & artifices pour ſe rendre les Maiſtres de la Prouince de Bourgongne.

E. La Rebellion deſarmée qui par ſon triſte maintient ſemble auſſi porter le deuïl des victoires DE SON ALTESSE.

F. Quelques Captifs pareillement abbatus & attachés à vne Couronne Ciuique pour exprimer le bien que nos Citoyens tiennent de la generoſité DE SON ALTESSE. Qui a lié les mains des Rebelles, & les à mis dans l'impuiſſance de nous nuire.

G. Deux figures de Chefs de Guerres armés à la façon des Conſuls où Empereurs Romains qui preſentent A SON ALTESSE les Couronnes Ciuiques & triomphales.

H. Deux Emblémes tirés de la Maiſon, & exprimant la generoſité DE SON ALTESSE dans les contrarietés, & rencontres les plus difficiles, l'vn eſt vn rocher enflammé en ſa ſommité, & quoy que battu des vagues de la Mer par le bas, demeure neanmoins toûjours entier, ferme, & immobile auec ce mot pour deuiſe. *ADVERSIS CLARIVS*.

L'autre eſt vn Laurier lequel ſous l'impetueuſe ardeur des foudres & des éclairs dont il eſt enuironné de toutes parts, demeure neanmoins en ſon entier ſans eſtre terni ou offenſé, auec cette deuiſe. *VEL FVLMINA CONTRA*.

SECOND ARC DEDIE A LA GENEROSITE DE SON ALTESSE

EXPLICATION
DV SECOND ARC,
OV
PORTIQVE
Representant la generosité de SON ALTESSE.

I autrefois les Anciens faisoient des sacrifices aux Dieux tutelaires de leur Pays, lors que par leur fauorable bonté ils enuoyoient des hommes en leur siecle qui en temps de Paix & de Guerre s'employoient heureusement à la conseruation de la Republique, c'est à iuste sujet que nous sommes obligés de les imiter, & de rendre graces immortelles à la Majesté diuine, de ce que pour le bien de l'Estat & de cette Monarchie il a voulu fauo- riser nos iours de la naissance DE SON ALTESSE pour luy confier des employs si releués, si necessaires, & si importans au sa- lut de la Bourgongne entierement desolée dans ses diuisions, & di- uisée dans ses desolations, MONSEIGVEVR, si vostre vaillance de laquelle les soings & les Labeurs ont pour objet l'Eternité de vostre Nom & l'immortalité de vostre memoire, n'eut prompte- ment pourueu à nos necessités, & si la gloire de ses Combats & de ses Assauts ou vostre Vertu Vous appelle pour eriger vn Theatre à vostre Valeur & à nostre deliurance, n'eut esté la guide de touttes vos Actions genereuses, & si elle ne vous eut mis l'espée à la main pour faire la moisson des Palmes que vous auez glorieusement recueillies sur les terres de vos Ennemis; Messieurs les Magistrats n'auroient pas eu subiet d'esleuer ce se-

cond Arc à voſtre Generoſité, ou l'on voyoit courber ſous le poids
de vos trophées la ſolidité de l'Architecture qui pouuoit à peine
ſoûſtenir les ſimples repreſentations des choſes que voſtre Valeur
au grand peril de ſa perſonne auoit ſupportée, en effect tout cour-
boit ſous la peſanteur de vos coups, & ſous l'authorité de voſtre
puiſſance, laquelle neantmoins cedoit à voſtre vertu Militaire, qui
tenoit le haut bout en forme d'vne Deeſſe armée, laquelle eſtoit
Couronnée de Lauriers comme victorieuſe, & aſſiſe ſur vn amas
d'armes & de boucliers, à ſes pieds la Renommée tenoit deux Trompettes à la main, & eſtoit accompagnée de la puiſſance Royalle
qui tenoit le meſme rang, le corps d'Attique eſtoit remply de
Captifs qui dans la diuerſité de leurs poſtures confuſement ran-
gées autour de l'inſcription principale, ne laiſſoient pas auſſi d'apporter dans la triſteſſe exterieure de leurs viſages quelque ſorte de decoration à toutte l'Architecture, ou les colomnes ornées
à la Corinthienne, & l'eſpace vuide qui reſtoit au deſſus des corniches, auoient fourny le moyen de placer les trophées & les deſpoüilles que VOSTRE ALTESSE auoit conquiſes ſur les ennemis.
Le bas ſe trouuoit remply de quelques emblemes & figures qui furent repreſentées ſur l'eſpace vuide entre les deux colomnes le tout
accompagné de quelques Deuiſes & Inſcriptions auenantes au ſujet
de voſtre valeureuſe Generoſité. Voila en gros l'eſtat de cette ſeconde
Architecture que nous pouuons maintenant conſiderer en deſtail.

ETTE vertu militaire que vous poſſedés, & qui ne s'atta-
che qu'aux emplois les plus difficiles, fut repreſentée ſous la
figure d'vne Deéſſe armée, laquelle par la ſeuerité de ſon
maintien & de ſon hardieſſe exterieure, faiſoit aſſez cognoiſtre
que ſes penſées & ſes inclinations eſtoient touttes martiales, auſſi
eſtoit-elle la Compagne de cette Guerriere diuinité, c'eſtoit cette
Ænio Deéſſe de la Guerre, qui preſidoit anciennement aux Armes.

Tu martia teſtis Enyo.

C'eſtoit elle ſous la conduite de laquelle rouloit ce Chariot
foudroyant du Dieu Mars tiré par la terreur & par la crainte pour
faire cognoiſtre que cette vertu martiale ne recommandé pas ſeulement ceux qui la ſuiuent; mais (qui eſt bien d'auantage) que le ſeul
reçit des faits Heroïques porte la terreur & la crainte partout ou ſe
peut eſtendre la reputation des armes d'vn Conquerant; la ſeuerité
de ſes regards eſtincellans, l'hardieſſe qui paroiſſoit ſur ſon front
eſtoit

estoit vne viue representation de la vostre dans les Combats & dans les Occasions les plus difficiles, ou Vostre pieuse generosité qui sçait accorder les interests du Roy auec ceux de la Religion, Vous porta courageusement dans des occasions estonnantes & capables de faire blesmir les plus resolus, & pour dire le vray, qui est celuy si peu versé dans l'histoire, qui ne sçache que Vostre courage vous a fait exposer mille fois Vostre vie en touttes les Guerres des Huguenots ? Qui ne sçait que quand MONSEIGNEVR Vostre Pere Iean Louis de Nogaret Duc d'Espernon voulut reprimer l'Heresie reuolteé, & que pour la rendre souple aux Ordres de sa Majesté il forma le Siege de la Rochelle, vous vous rendites imitateur de ses trauaux, aussi bien que le Compagnon de sa gloire & des interests de nostre Religion, vous y portastes les Commandemens aux Soldats, qui marchoient sous Vostre conduite, Vous essayastes les perils & regardastes d'vn œil ferme la Mort & la Rebellion armée qui en vouloient à vostre Personne, & qui s'estoient par vn horrible attentat associés pour vous perdre & ne iouyent pas moins que de vous oster la vie, pour priuer le Roy du meilleur de ses Seruiteurs & frustrer la Bourgongne du secours qu'elle pouuoit esperer de vos assistances, qui pensa dis-je renuerser d'vn mesme coup vostre Personne & nos esperances ; car comme vous sçaués ce que vaut la presence du Chef aux expeditions Militaires, vostre courage vous ayant engagé comme vn autre Decie dans les occasions perilleuses parmy les mousquetades, vous fustes blessé d'vne balle meurtriere & à l'imitation des premiers Chrestiens vous signastes de vostre sang respandu pour leur deffence, les verités de nostre Religion.

Les Grecs n'ont pas eu mauuaise raison d'appeller l'homme φῶτα comme qui diroit lumiere, qui tient son plus beau lustre des actions penibles & vertüeuses, & n'est-ce pas certe mesme lumiere qui fit esclater vostre generosité parmy les feux Ennemis, quand auec peu de gens pour le seruice du Roy vous exposastes volontairemét vostre Personne pour affronter la mort au siege de Royan, où le desir de gloire vous fit accompagné seulement DE MONSEIGNEVR, vostre Pere, trauerser le fer, le feu, les Nations armées, & la mort mesme pour vous porter à l'Assaut d'vne place fortifiée, où les blessures de vos gens non plus que l'effet de la mine qui vous vouloit desrober a l'Vniuers, ne peut jamais arrester vostre dessein, & la terre dont vous fustes chargé & presque enseuely tout viuant ne seruit que pour planter vos Lauriers, augmenter le luftre de voftre Generofité, & pour faire efclater parmy les feux des ennemis, les viues lumieres de voftre courage.

La Nobleffe de vos deffeins a paru dans les plus hautes difficultés, & les marques des Commandemens que vous auez porté, ont efté autant de tefmoignages comme quoy vous auez voulu payer de voftre propre Perfonne, ainfi que nous l'auons veu dans Priuas, & dans tous les Sieges du Languedoc que vous auez fauorifez de voftre affiftance qui fut l'vn des fujets de ces belles Victoires qui ont augmenté le luftre de vos Lauriers, voftre actiuité fut telle, MONSEIGNEVR, que voftre Perfonne fe rendant infatigable dans les trauaux, monftra aux Soldats par voftre exemple, l'execution de vos entreprifes, & la difpofition generalle que tous tefmoignoient à rendre l'obeïffance deuë à vos Commandemens, fut vn veritable tefmoignage de la promptitude de leurs affections; Libourne vous en fournira autant de tefmoings que vous conduifites auffi de Soldats à la deffaite de fept mille ennemis, & les Marets de Blancfort, dont les accés difficiles n'eftoient ouuerts qu'aux oyfeaux & aux poiffons firent cognoiftre à Monfieur de Bouillon & à trois mille combattans qui s'eftoient emparés de ces lieux forts & efcartés, qu'il ne fe trouuoit point de contrée inacceffible à voftre courage, & que voftre vertu Militaire ne fçauoit point de places dont la refiftance peut quelque chofe contre fa generofité, ou elle ne fceut tout d'vn temps faire croiftre les Palmes & les Lauriers, & mefme dans ces dernieres guerres ou la rebellion de la Guyenne s'eftoit emparée des cœurs des Bordelois par vne vnion concertée de vos forces auec vos confeils, vous auez reprimé le cours de cette brutale fureur, & voftre courage qui s'efleue au deffus de la charge que vous portés de Colonel General de l'Infanterie Françoife, à renfermé dans le poupris des murailles de Bourdeaux les femences & les Autheurs de la reuolte & de cette fedition qui menaçoit l'Eftat de changement, & vouloit rappellez l'Anglois dans la France, vous aués renuersé tous ces deffeins, & MONSEIGNEVR le Duc de Candale comme la viue image des vertus & du courage inuincible DE VOSTRE ALTESSE fuiuant auffi vos veftiges, & ayant atroufé du fang de ces rebelles les Palmes & les Lauriers cultiués par voftre Generofité en cette Prouince, a chafsé de ce Fort la rebellion qui s'en eftoit emparée à la foule des peuples & au detriment de l'Eftat, & aprés vn long Siege, aprés mille trauaux & fatigues Militaires, à enfin reduit fous l'obeïffance du Roy l'orgueil de ces Rebelles pour les faire ployer fous le ioug de voftre valeureufe Generofité, laquelle fe voit au deffus de cet Arc affife fur les Trophées qui font les feules delices que vous aymés paffionnement, elle eftoit affife fur les defpouilles des Ennemis, & les tronçons des Armes conquifes par tant d'actions heroïques qui feruiront deformais de matiere à l'hiftoire, & de fujet à la renommée pour en publier la gloire parmy les autres nations, auffi paroiffoit elle aux pieds de voftre valeur de la mefme façon que le pinceau, parlant des anciens Poëtes, en à voulu faire la reprefentation, je veux dire dans vne actiuité qui ne fe peut conceuoir que par la penfée, & dont les aifles defployées fendant les airs par vne vitteffe imperceptible, font vn argument veritable & certain de cette promptitude, & legereté naturelle, qui luy donne mefme en fa naiffance des accroiffements merueilleux.

Vrefque acquirit eundo.

Ie me promet qu'elle receura vn accueil fauorable DE SON ALTESSE, puifque c'eft la meffagere ordinaire de fes exploits Mihtaires & qui mettroit volontier des aifles aux pieds comme les Valets d'Ælius Verus, fi nous croyons à Spartian pour en porter la ioye par toutte la France, & les heureufes nouuelles auec le bruit de fes belles actions, elle paroiffoit veftuë legerement, aifée, remplie d'yeux, de langues & d'aureilles pour nous monftrer que comme elle procede d'vne rumeur qui des petits commencemens produit à la fin des grandes fuites, ces places rebelles on fourny A SON ALTESSE, vne nouuelle matiere d'aggrandir fa reputation, auffi eft elle reprefentée aifée, remplie d'yeux, d'aureilles, & de langues: aifée, pour exprimer fa viteffe, les yeux & les aureilles nous tefmoignent fa curiofité, & les langues les effets de la voix publique, qui fe doit deformais employer aux acclamations, aux chants de rejouyffance, & aux actions de graces que nous deuions au retour DE SON ALTESSE. C'eft elle mefme qui fera voir à la pofterité ce que nous auons receu & ce que nous deuions efperer d'vn Gouuernement fi heureux & comme le fujet en eft plus releué, auffi eft-il neceffaire qu'elle s'efleue & prenne l'effort pour faire part aux mortels, & faire tomber fous le fens de la populace vn fi noble fujet ou l'on voyoit efclater les plus beaux traits de la generofité, & de la puiffance, auffi elle eft reprefentée de l'autre cofté comme vne Reyne habillée à l'antique, la tefte enuironnée d'vn

bandeau Royal portant à ſa main le Sceptre couronné, & dans l'autre le rameau de Cedre , le bandeau eſtant le hyerogliphe de la
puiſſance Royale , ainſi que nous voyons dans les tableaux des
Ægyptiens, nous pouuons inferer de la que les penſées DE SON
ALTESSE , eſtants touttes Royales, ie veux dire deſtinées au ſeruice
du Roy, il a ſceu faire valoir la puiſſance qui luy auoit eſté confiée,
& s'eſt ſeruy de cette authorité pour eſtablir la Paix, & aſſeurer le
repos à cette Prouince ſous les heureux Commandemens du Roy
deſignés par le Sceptre couronné, qui eſt la principale marque de
l'authorité & de la puiſſance, auſſi bien que la branche de Cedre
priſe ordinairement dans la ſainte Eſcriture pour la puiſſance perpetuelle & ſouueraine.

Confringet cedros Libani.

Et comme cet Arbre n'eſt point ſujet a aucune corruption, auſſi
la puiſſance de nos Rois demeure touſiours en ſon entier, ſans ſouffrir aucune alteration ou changement ; mais ce ſeroit faire tort au
courage DE SON ALTESSE , qui dans l'effroy des plus
penibles & dangereuſes occaſions a touſiours diſputé la pointe au
plus vaillants , ſi l'on paſſoit ſous ſilence la principale partie de
cette Architecture , ou les captifs attachés & qu'il à ſouſmis ſous la
Loy de ſes Armes, portoient auec leur chaiſnes les peines de leur
temerité, & par leur façon triſte, morne, penſifve, & abbatuë teſ-
moignoient leur eſtonnement d'entendre retentir les airs du bruit
de ſes loüanges, & des voix confuſes de ceux qui ne pouuoient ſui-
ure ſes trauaux , qui pourſuiuoient ſa perſonne par des acclamations publiques, & faiſoient exhaler par cet organe les affections
interieures de ce peuple qui felicitoit ſon retour , & comme ce fut
la couſtume des anciens de faire parler les marbres pour immortali-
ſer la gloire de ceux qui auoient bien merité du public , de meſme pour rendre de pareils teſmoignages A SON ALTESSE
que la memoire de ſes bienfaits ſeroit eternellement imprimée dans
nos cœurs, l'on auoit eſcrit en lettre Romaine cette Inſcription ſur le
le corps d'Attique.

BERNARDO FOXÆO
Ciuium Seruatori.

QVOD rebellione debellata, fraude decepta, etiam & inuitis victoriam pepererit.

Au bas d'icelle dans vne table d'attante en suitte des bienfaits que les Citoyens auoient receu DE SON ALTESSE, l'on auoit encore adjousté cette Inscription.

D. O. M.

ET victricibus armis BERNARDI FOXAEI, CANDALAEI, ET VALETANI publicæ quietis Fundatoris, priuatæ vtilitatis instauratoris, quod Burgundiam amanter susceperit, fœliciter rexerit, fortiter conseruauerit, quòd despectis Principum odiis, potentum consiliis, publicarum harpyarum furoribus, vrbem Ciuibus, incolumitatem Incolis, Prouinciam regno restituerit, quòd obstinatam rebellionis pertinaciam triplici obsidione cinxerit, prostrauerit, profligauerit, quòd aduersa inimicorum præsidia & vires Militari virtute regno expulerit, quòd pristinam libertatem Burgundionibus restituerit.

Vrbs Diuio ob fœlicem eius aduentum deuota pinxit, læta erexit; eiusque perennitati & memoriæ sacrum posuit ære perennius.

Entre les deux colomnes au dessous de quelques figures representées en platte peinture, qui apportoient des couronnes Triomphales A SON ALTESSE, l'on auoit remply les espaces vuides de quelques Emblémes, auec leurs deuises, dont l'vn estoit vn Laurier qui d'vne gayeté verdoyante s'esleuoit contre vn ciel orageux non seulement chargé de nuages : mais qui est bien d'auantage, qui paroissoit tout enflammé d'esclairs & de coups de tonnerres, qui se descochoient de telle façon que touttefois cette plante demeuroit tousiours en son entier auec cette deuise en grosse Lettre.

VEL FVLMINA CONTRA.

CE n'eſtoit pas ſans ſujet que l'on auoit repreſenté cet Emblé-
me, & les rapports de cette diuine plante auec SON ALTESSE,
le feront incontinant recognoiſtre, puiſque c'eſt vne choſe triuiale
parmy les Anciens, qu'en ſuitte des amours d'Apollon & de
Daphné, le Laurier fut autrefois conſacré au Soleil, les ſeruices
DE SON ALTESSE qui l'ont fait conſiderer de tout temps de
noſtre Soleil, ie veux dire de noſtre Souuerain Monarque, luy ont
donné vne telle creance vers ſa Majeſté, qu'il ne faict point de di-
ficulté de luy confier non ſeulement la Bourgongne comme la
premiere & la principale de ſes Prouinces; Mais auſſi la force de
ſes Armes & de tout ſon eſtat, l'ayant fait Colonel de ſon Infanterie Françoiſe, qui ſous ſes Commandemens acquiert tous les iours
au Roy de nouueaux Lauriers.

Tertulien nous aſſeure que cette meſme plante fut anciennement
dediée à Apollon & à Bacchus, à l'vn comme au Dieu des traits,
à l'autre comme au Dieu des Triomphes, nous pouuons en faire
les offres A SON ALTESSE, en l'vne & l'autre façon puis
que les traits de ſes armes en remettant les rebelles en leur deuoir,
luy ont fait naiſtre ces belles occaſions de gloire qui acqueroient
iadis l'honneur du triomphe à tous les conquerants. Et comme cette plante au rapport de Proculus fut employée aux ſacrifices autant
pour la garde que pour le bon-heur, & qu'a ce meſme effet elle
fut appoſée à la porte des Empereurs.

Poſtibus Auguſtis eadem fidiſſima cuſtos.

SON ALTESSE nous fauoriſant de l'honneur de ſa protection, & nous mettant à couuert ſous la ſauuegarde de ſes Lauriers,
elle nous fera reſſentir les vertus de cette plante, & ſes Victoires
feront germer dans cette Prouince la felicité & le bon-heur.

Ce meſme Laurier auoit la proprieté d'expulſer les venins &
meſme de chaſſer les Demons, ce qui obligeoit les Anciens d'en
faire à cet effet des ſuffumigations & parfums, la Prouince de Bourgongne eſtoit auant la venuë DE SON ALTESSE, infectée du vent
peſtilentiel des mauuaiſes volontés, & des diuiſions inteſtines, la rebellion qui parmy ces bouraſques ſouffloit la deſobeïſſance dans
les cœurs mutinés, faiſoit eſclorre des penſées noires dans des eſprits
malins; mais au premier aſpect de noſtre Gouuerneur & à la ſeu-

le odeur de cette plante diuine , vray symbole de ses Victoires, il a
reüny les cœurs, dissipé les conseils de ces esprits, essarés & remis toutes choses en meilleure disposition.

Et si autrefois la teste du Dieu Æsculape fut enuironnée de cette
mesme plante , pourquoy dans cette mesme conjoncture ayant deuant nos yeux le souuerain remede de tous nos maux , & le Medecin vniuersel des maladies publiques, n'enuironnerons nous pas le
Chef DE SON ALTESSE de cette plante victorieuse ? qu'il s'est
acquise au peril de sa Vie & au prix de son sang.

Les Romains appelloient le Laurier la plante du bon Genie , & se
sont mesme persuadé , que le lieu ou il estoit n'estoit jamais infecté
d'aucune maladie, & le tenoient mesme pour vn presage salutaire, &
pour vn auantcourier du bonheur.

Si autrefois chaque Ville auoit son Genie qui en estoit comme le
Dieu tutelaire, nous pouuons aussi nous asseurer qu'à cette heureuse
entreé, nostre bonne fortune, nous ramene aussi en la personne DE
SON ALTESSE cet excellent Genie, auquel le soing & la tutele de
cette Prouince est commise par Sa Majesté, qui veille continuellement
à nos interests & trauaile sans intermission à nostre repos, il ne se pourra
iamais euoquer, quelque imprecation que puissent faire les mal intentionnés, c'est pourquoy nous le deuons honorer de cette plante,
laquelle portant les couleurs DE SON ALTESSE, dans vne
perpetuelle verdure, nous donne assez à entendre la durée perpetuelle de ses soings qui ne se lasseront jamais de s'employer à nostre conseruation.

Après tout, les Naturalistes remarquent que la foudre ne tombe
iamais sur le Laurier, c'est aussi cette plante qui rasseuroit les craintes de l'Empereur Tibere, lors que le Ciel irrité sembloit distiller
son courroux en pluyes, tonnerres, & orages ; çà esté aussi ce qui a
donné lieu à cette Embleme, pour monstrer que quelque party qui
se forme , quelque disgrace qui arriue , sous les Lauriers des vertus
qui enuironnent SON ALTESSE, rien ne peut estre touché
des foudres de la calomnie , non plus que des dents de l'enuie qui
ne sont reseruées que pour seruir de supplice à elle-mesme , & qui
ne pouuant supporter l'esclat des douces lumieres de ce visage qui
resjoüit nostre horizon, transie d'horreur s'est allée cacher dans quelque recoing de cette Ville qui nous est inconneu : Mais nous auons
gardé son pourtrait pour seruir de decoration à nos Arcs , d'ornement à vostre Triomphe , & d'allumette aux feux qui se preparent

pour cette publique réjouyſſance, & pour donner à cognoiſtre que tout ce qui ſe pourroit paſſer au prejudice DE SON ALTESSE, en cette Prouince, eſt au deſſous de ſa Generoſité, l'on auoit animé cet Embleme de ces mots pour deuiſe.

VEL FVLMINA CONTRA.

A l'oppoſite de cet Embleme l'on en voyoit vn autre quaſi de meſme ſens, qui faiſoit fort induſtrieuſement eſleuer ſous les artifices du pinceau vne pointe de rocher qui ſortoit d'vne Mer agitée, & la fureur des vagues ondoyantes portoit; (mais inutilement) l'impetuoſité de ſes flots contre la dureté de ce rocher qui demeuroit inesbranlable parmy la violence de ſes agitations; mais ce qui ſembloit plus eſtonnant eſtoit, qu'au beau milieu de l'humidité des ondes, la pointe de ce rocher comme vn autre Veſuue paroiſſoit enuironné de touttes parts de flammes eſtincellantes & qui ſembloient tenir le rocher tout en feu auec cette deuiſe.

ADVERSIS CLARIVS.

L'Immobilité de ce Rocher, qui ſe treuue attaqué, battu & enuironné de touttes parts de ces Elements contraires, eſt vne viue repreſentation de la fermeté & conſtance DE SON ALTESSE au milieu meſme des inconſtances & des reſolutions ordinaires de la Cour; Elle a fait paroiſtre la fermeté, & la force de ſon eſprit dans des conjonctures fort difficiles, ou nonobſtant les efforts des puiſſances qui l'enuironnoient de touttes parts pour faire obſtacle à ſa vertu, eſtant enuoyé à Mets par vne prudence non commune, il conſerua la Ville, rendit les conſeils & les forces inutiles de ceux qui taſchoient d'opprimer ſa Vertu, & comme vn autre rocher demeurant immobile au milieu de ſes agitations, il a ſçeu ſe maintenir fortement contre les vagues & les tempeſtes qui s'eſleuoient au prejudice de ſa perſonne & de ſa reputation. Il a ſçeu imiter la Salamandre & ſubſiſter meſmes au milieu des feux, que la Ialouſie, la Colere, & les autres paſſions de ſes enuieux auoient allumés ſans en receuoir aucune leſion; mais tout au contraire en a tiré des grands & ſignalés aduantages, les obſtacles & les contrarietez ayants donné le dernier luſtre a ſa vertu, pour tracer à la Poſterité les premiers traits d'vne gloire immortelle., c'est pour ce subiect que ces mots auoient animé cet Embleme.

ADVERSIS CLARIVS.

AV dessus des colomnes qui soustenoient cet Arc, & sur les extremités de la corniche de costé & d'autre du corps d'Attique estoient deux figures, dont l'vne estoit la fraude laquelle estoit exprimée sous la figure d'vne femme dont les traicts de visage tesmoignoient quelque sorte de douceur pour montrer que les apparences exterieures, & les paroles de complaisance cachent bien souuent des desseins remplis de fourberies designés par la queuë du Scorpion laquelle se terminant en pointe d'aiguillon & marquetée de differentes couleurs denotte les differents moyens que la finesse, & la malice suggerent aux fourbes, à fin que sous la feinte pretextée de quelque sorte d'interest ils donnent couleur, & cachent sous icelle le venin qui surprent bien souuent la simplicité des personnes faciles, elle porte en sa main vn masque pour donner a entendre que comme le masque desguise la vraye forme de celuy qui en est couuert, de mesme la fraude sous la feinte estudié de ses apparences couure & déguise son mauuais dessein, & qui est celuy si peu versé dans l'histoire de cette Prouince qui ne sçache les artifices & les secrettes menées qui ont esté tãt de fois pratiquées en Bourgongne pour diuertir les sujets de l'obeïssance qui est deuë a sa Majesté? qui est-ce qui n'a esté scandalisé de l'insolence de ses infidelles qui blasmoient la fidelité des mieux intentionnés, qui est celuy qui ignore les conuenticules qui se faisoient a mesme dessein en plusieurs & differents endroits, mais la fidelité des Bourguignons, & l'amour qui leur imprime naturellement l'obeïssance qui est deuë a sa Majesté ayant fermé toutes les aduenuës à la fraude & à la defection, elle a esté contrainte, ses desseins estants renuersés, de porter sur son front l'image de la tristesse & de la confusion, ainsi que vous la voyes representée sur la corniche de cette Architecture auec ces mots au bas.

QVOD FRAVDE DECEPTA.

A L'opposite de cette figure sur l'autre extremité de la corniche
vne femme appuyée sur son bras, & d'vne façon lugubre estoit
tristement assise sur des cuirasses, corcelets & autres armes brisées
dont elle sembloit auoir vn singulier desplaisir, cestoit l'image de
la rebellion qui flechissoit soubs le poids des armes, & soubs la generosité DE SON ALTESSE, & comme l'authorité Royalle est
vne chose sacrée contre laquelle l'on ne peut rien attenter sans iniustice, la Bourgongne neantmois ayant heu ce malheur que de se
voir troublée par quelques esprits ennemis du repos & de la tranquillité publique, qui soubs le pretexte du seruice du Roy des-
guisants l'iniustice de leurs desseins, vouloient aussi s'asseurer des places & des forces de toutte cette prouince, & mesme par surprise & par intelligence s'estants rendus maistres de quelques Villes de la frontiere, tenoient les habitans d'icelle dans vne crainte &
dans vne subiection perpetuelle. La rebellion qui fomentoit secrettement ce desordre auoit choisi la Ville de Seurre pour mettre à couuert ses suppots laquelle renfermant dans son encein-
te des gens qui ne viuants que des courses & du pillage de la Prouince, donnoit asseurance & fauorisoit la retraicte de ses coureurs,
les disgraces arrriuées en suitte par la capture de tant d'habitans vo-
lés, rançonnés, ou tués, la campagne fourragée & les embrazements
continuels portés iusques aux portes mesme de la Ville de Dijon,
auoient obligé sa Majesté (qui a tousiours l'œil ouuert & la
main armée pour veiller & pour assister ses sujets de sa protection) de faire voyage en cette Prouince, & par sa presence l'auoit a plusieurs fois reduitte à son deuoir, ne luy laissant
pour toute punition de ses entreprises que les marques de sa
douceur & de sa clemence, qui prouocquerent du depuis leur
ingratitude & leur felonnie, cette Ville remplie de Soldats qui
estimoient que les Lois du Souuerain estoient autant d'entreprises sur l'authorité qu'ils s'estoient arrogée entrants dans cette
place, ne pouuoient aucunement gouster le repos, ny la paix
que sa Majesté leurs auoit accordée a son depart; Ils creurent
que leur ingratitude ne se rendroit iamais considerable que par la
desobeïssance & par la rebellion qui leur proposoit l'impunité des crimes & des vexations ausquelles ils estoient accoustumés; mais cette
ennemie de la paix & de la puissance souueraine, voyant que la presence DE SON ALTESSE auoit opposé des bornes a son in-

folence l'ayant pour la troifieme fois reduitte par la puiſſance de ſes armes & d'vn ſiege formé, aux iuſtes ſoubmiſſions deües à la Majeſté Royalle, elle a eſté contrainte apres auoir veu renuerſer ſes baſtions ſur ſes eſperances, de porter le dœuil des victoires DE SON ALTESSE, paroiſſant ſur la corniche de cet Arc à la triſte maniere d'vne femme deſeſperement eſperduë, ainſi que vous la voyés, & les armes briſées ſur leſquelles elle eſt aſſiſe, & qui paroiſſent a ſes coſtés, ſont les marques viſibles de l'aneantiſſement & du desbris de ſa puiſſance, dont l'inſcription faiſoit mention en ces termes

Rebellione debellata etiam & inuitis victoriam pepererit.

Pour deſigner le party qui appuyoit ſes deſſeins, auec lequel elle auoit ſes intelligences ſecrettes, & que le bon ſucces des armes DE SON ALTESSE a empeſché de pareſtre.

TROISIESME ARC.

A. Le sujet du troisiéme Arc estoit tiré de l'Importance, & de l'vtité des Victoires DE SON ALTESSE au nombre de trois acquises en moins d'vn an en la prouince de Bourgongne, la premiere fust la reduction du Chasteau de Dijon marquée A.

B. La Reduction & prise du Chasteau de pagny.

C. Le Siege & prise de Seurre ou SON ALTESSE representée a Cheual est conduitte par vne troisieme victoire, qui d'vne main tient les rennes du Cheual de sadite ALTESSE, & de l'autre tient vne palme auec laquelle elle luy monstre la Ville de Seurre comme le lieu qui produit les palmes.

D. Deux Victoires soustenant le buste DE SON ALTESSE lequel est enuironné d'vne grande couronne de Laurier, sous laquelle deux palmes se conduisantes doucement, forment le couronnement du corps d'Attique au dessus duquel l'on voit vne deuise Italienne en faueur des Victoires de sadite ALTESSE, laquelle signifie en son sens qu'elles ne le quitteront jamais, E PER NON LASCIAR TE MAY.

Les torrents, & les riuieres proche desquelles les places reduites sont scituées, & premierement.

E. Le torrent de Suzon proche duquel le Chateau de Dijon est construit.

F. La riuiere de Saone qui remplit, & enuironné les fossés de la ville de Seurre.

G. L'image du salut public portant en main vn pentagone auec ce mot Grec ΥΓΙΕΙΑ qui signifie salut.

H. La representation de la Liberté publique tenant vn bonnet en la main qui estoit chés les Romains le signe de la Liberté.

I. Inscriptions.

FORTI
ET
INVICTO
PRINCIPI
DIVO
RESVRGE.

I PEDE·FAVSTO·QVOTA TE
VRVS·VOCAT.

ET LIBERTATEM
CIVIBVS
RESTITVERIT.

QVOD SALVTEM
PVBLICAM.

EXPLICATION
DV TROISIEME
PORTIQVE
Autrement l'Arc de la Victoire.

Ovttes choses ne tirent leur estimation que de leur rareté, & ce dont l'acquisition est plus difficile, en rend aussi la possession plus honorable, ce sont les perils qui rendent les Victoires plus glorieuses, *sine gloria vincit, qui sine periculo vincit,* les actions laborieuses ont vn tel rapport auec les inclinations DE SON ALTESSE, que la fatigue & la peine estants son élement naturel, les exercices & disciplines de la Guerre qui fatiguent les autres, luy tiennent lieu de recreation, c'est ce qui resueille ses soings, qui allume sa Generosité à l'execution de ses belles entreprises, qui ont donné lieu à trois sieges importans, ou la prosperité des Armes du Roy a paru dans son lustre sous les genereux commandemens DE SON ALTESSE, aux Sieges de Pagny, de Seurre, & du Chasteau de Dijon, le tout auec vn si prompt, si estonnant & si fauorable succés, que les Magistrats de ladite Ville pour ne point paroistre insensibles à tant de bienfaits, se sentirent obligés pour la decoration de son Entrée, d'eriger cet Arc à ses Victoires, dont la disposition estoit telle que tout le corps de l'architecture, qui estoit dorique, faisoit voir sur deux puissantes bases reuestües & estoffées en cirage les Sieges de Pagny & du Chasteau de Dijon, sur lesquelles Bases s'esleuoient quatre grosses & puissantes colomnes en forme de quatre pieces de batterie representans celles dont SON ALTESSE s'estoit seruy pour la reduction de ces trois places, elles eſtoient comme la viue image de ſes trauaux, qui portoient par cette ſtructure extraordinaire quelque ſorte d'eſtonnement dans la penſée des regardans, la friſe pareillement compoſée de ſes triglyphes, & de trophées d'armes, faiſoit voir que toute la grace de cet Arc n'eſtoit tirée que des actions militaires DE SON ALTESSE, au deſſus de la corniche, la principale piece qui compoſoit le corps d'Attique eſtoit le Siege de Seurre qui en auoit fourny le ſujet.

dans ce tableau cette Ville repreſentée au naturel ſe faiſoit coi-gnoſtre a tous les Spectateurs, la l'on voyoit les batteries, les tranchées, la diſpoſition du camp, & ce qui ſe trouuoit de plus conſiderable eſtoit que dans la premiere terraſſe S. A. a cheual eſtoit accompagnée, par vne inuention aſſes particuliere, d'vne Victoire qui luy monſtroit la ville de Seurre comme le lieu, ou il deuoit re-cueillir le fruict de ſes palmes auec ces mots au deſſous du tableau qui portoit le ſouhait general de tous nos Citoyens pour la proſperité de ſes armes & l'heureux ſucces de ſon retour.

I pede fauſto quo tua te virtus vocat.

Mais ce qui paroiſſoit d'auantage, & donnoit plus de ſatisfaction aux Spectateurs, c'eſtoit le couronnement du corps d'Attique, ou dans vne machine d'vne prodigieuſe eleuation, le buſte DE SON

ALTESSE representé au naturel a la façon de ces Empereurs Romains, laissoit vn respect amoureux dans l'esprit de tous les assistans qui faisoient esclatter les joyeux mouuemens de leurs ames dans l'appareil de cette resjouissance publique, la couronne de Laurier qui lenuironnoit, le faisoit bien recognoistre comme vn conquerant, le tout estoit suporté par deux victoires qui dans leur riant & gracieux maintien se mettoient en deuoir de soustenir l'image DE SON ALTESSE, autour de laquelle on voyoit ces mots en langage Italien portans le nom DE SON ALTESSE

E PER NON LASCIAR TE MAY.
C'est à dire,
ET POVR NE TE LAISSER IAMAIS.

C'est vne chose asseurée que comme autrefois sur le territoire de la vertu la fortune, se plaignoit d'estre sans autels & sans credit, que maintenant ce seroit faire tort A SON ALTESSE, qui fait regner la vertu en cette Prouince, d'attribuer aux euenemens casuels de cette inconstante Deesse, des actions qui n'ont point d'autre source que celle de son courage, ny d'autre origine, que celle de sa genereuse conduite & sa vertueuse generosité, c'est cette vertu qui a accoustumé d'alumer les Esprits d'vn ardent desir des bienfaits qu'elle produit, c'est elle (comme dit Macrobe) qui ne craint que les choses deshonnestes, qui supporte auec fermeté les difficiles, & qui pousse l'esprit auec vigueur au dela des perils qui pourroient arrester vne me apprehensiue, & amoureuse de son corps, c'est celle la mesme qui s'est emparée de son esprit pour disposer ses inclinations au siege du Chasteau de Dijon qui seruira desormais de matiere aux plus serieux entretiens de ceux qui viendront apres nous, à peine SON ALTESSE auoit parû en cette Prouince pour y apporter les commandemens de sa Majesté, que la rebellion s'estant emparée des places fortes, il fallut aussi-tost se resoudre au combat qu'a la venuë, les vns tenoient Verdun, les autres saint Iean de Losne, les autres la Ville de Seurre; mais le siege principal & le plus important de toute cette reuolte estoit le Chasteau de Dijon, qui dans les aduantages de sa scituation tenant vn passage ouuert, pouuoit aussi fauoriser l'entrée à vne armée ennemie, & introduire les Estrangers dedans la Ville capitale de la Prouince, Arnaut qui le tenoit en ce temps, & qui y commandoit comme Cappitaine, n'oubliant aucune chose de celles que la preuoyance, l'experience, & les soings peuuent suggerer à

vn Chef de guerre pour la conseruation d'vne place , faisoit assez
cognoistre qu'il n'estoit pas guidé par vn Esprit de soûmission &
d'obeïssance, & l'intelligence secrette qu'il auoit auec quelques personnes mal-intentionnées, fomentoit ce dessein, il faisoit incessamment trauailler aux fortifications de cette place, & à nostre grand
deshonneur, sous le specieux pretexte du seruice du Roy les palis &
les reparations en furent publiées par la Ville, d'où l'on tira mesme
des Entrepreneurs, dans cette mesme conjoncture, nous eusmes ce
desplaisir de voir à nostre conspect la Garnison du Chasteau tirer
hardiment le terrain de nostre fossé pour terrasser les plattes formes
de ses tours, nous vismes faire des palis, des barricades, & fauces
portes pour introduire les Espions, & pour comble de nostre mal-
heur les pieces de canon qui auoient precedemment seruy, pour la
seureté, deffence & protection de la Ville, furent veuës bracquées sur
icelle & menasser la Ville mesme d'vne ruïne & desolation generale, bref tout ce que des ames rebelles, pleines d'aigreur & de malice peuuent fournir de peruers à l'execution d'vn mauuais dessein ne
fut aucunement espargné, & par vne preuoyance criminelle, l'on fit
encores fournir des viures aux Ennemis de sa Majesté, en vn mot
cette ville estoit reseruée pour en faire le sepulchre de nos Citoyens,
dont le sang estoit destiné pour assouuir la colere & la vengeance
des ennemis de l'Estat, & le pillage des maisons pour satisfaire à
leur auare cupidité, le reste estoit destiné par leur ordres desordon-
nés pour seruir de matiere à vn funeste embrasement; Mais ce grand
DIEV fit voir à la confusion de ces ames desnaturées, que sa mesme main qui affermit la puissance des Roys, & qui sçait conseruer
les peuples & les garentir de l'oppression, sçait aussi renuerser les
desseins rebelles, & d'vne place fortifiée fit vn tombeau à celuy qui
y portoit les marques du commandement, qui en suitte d'vne fievre
continuë, termina dans ce lieu ses desseins, ses esperances, & sa vie.
Ce fut lors que la Planchette son Lieutenant comme heretier de sa
charge se rendit pareillement Successeur de ses desseins, & marchant
sur les vestiges de son Predecesseur, continua les fortifications, qui
n'estoient pas encore paracheuées, la place se munit, les ouuriers sont
employés à des nouuelles embrasures, & toutes choses concourent
à vn Siege qui fut prouoqué par l'insolence de ces mutins, & par les
propos outrageux dont ils offensoient continuellement nos Habitans, ayants mesme tiré sur eux quelques coups, la rumeur que fit le
peuple sur ce sujet, fut cause que SON ALTESSE prit la resolution

lution de deliurer la Ville de cette oppreſſion, à cet effet les trouppes
auancées tiennent cette place inueſtie par le dehors, & les Habitants
ſuiuant les Ordres DE SON ALTESSE, s'eſtoient retranchez par le
dedans & ayant muny toutes les aduenuës des bons Corps de Gardes,
les enuironnerent, en ſorte que ſe voyants priués de toute aſſiſtance, &
denués de ſecours, l'vnziéme de Nouembre, mil ſix cents cinquante vn, ſur le refus qui leur fut fait des viures par eux demandés,
quelques volées de Canons eſtans deſchargées ſur la Ville, tous les
Habitans ſe mirent ſous les Armes, l'on ne ceſſa point de les attaquer puiſſamment, SON ALTESSE dans vne actiuité incroyable
pouruoyant à tout, fit auancer les Regiments de Nauarre & de Bourgongne, mit ordre pour le Canon, & ſecondé des ſoings & de la
vigilance des Officiers de l'Artillerie fit diſpoſer les batteries auec
vn tel ſuccez, que les lieux les plus eminents du Chaſteau furent
incontinant ruinez, la tour du Sel abbatuë & la couuerture de la
tour admiralle tellement endommagée, que tout y eſtoit percé de
part & d'autre, là les affections ordinaires DE SON ALTESSE
parurent puiſſamment en faueur de nos Citoyens, puis qu'à leur
ſujet & pour noſtre ſeureté, il mettoit à tous moments ſa perſonne
en peril, eſtant continuellement aux lieux les plus dangereux, à vi-
ſiter les tranchées, encourager les Soldats, eſſuyer les mouſquetades,
& diſpoſer les attaques, leſquelles quoy qu'elles fuſſent grandes l'on
ne vit jamais vne obſtination pareille, l'on faiſoit feux de toutes parts,
& les aſſiegés oppoſoient aux noſtres tout ce que la rebellion leur
pouuoit fournir, & combattoient ardemment, & diſputoient opinia-
ſtrement la gloire de ce combat, ce fut pendant ce tintamarre que
l'on reſſentit la premiere fois dans la ville de Dijon la fureur de ſes
machines infernales, ie veux dire que l'on vid pleuuoir ces bombes ardentes qui mirent toute la Ville en frayeur, dont les funeſtes
effets (outre le rauage des maiſons) firent perdre la vie à quelques vns
de nos Citoyens, ce qui les mit en vne telle apprehenſion que la
plus part quitterent leurs domiciles ordinaires, pour mettre leurs per-
ſonnes à ſeureté, cependant le mineur ne perdoit point de temps,
& faiſant ſes approches taſchoit de gaigner la tour de noſtre Dame, la nuit du Mardy cinquieſme du mois de Décembre vn Gentil-
homme alla entre ſept à huit heures du ſoir attacher les madriers à
la muraille du Chaſteau, d'autant que les mineurs auoient ouuert le
foſſé du coſté des trauaux de Bourgongne, & deuoient le ſoir meſme faire ouuerture de la muraille, ce fut à ces approches que ceux

E

du Chasteau ne s'oublier ent pas, ce fut à ce moment que le Canon,
les Bombes , & les Grenades tirerent sans intermission , l'on faisoit
feux de tous costez, de telle façon que c'estoit vne chose effroyable
que ces approches , qui furent merueilleusement sanglantes, & la
promptitude de ces coups redoublés faisoit auec le bruit vn effet si
violent, que la terre retentissant trembloit sous leur impetuosité, l'air
mesme extraordinairement agité à la lueur des feux d'artifices ne
portoit à nos yeux que des esclairs, des ruines , de l'horreur, de la
confusion, & l'image viuante de la mort, mesmes affrontoit en ce
rencontre les plus courageux, la sage conduite neantmoins DE SON
ALTESSE accompagnée d'vne ferme resolution de ranger ces rebelles, ne perdoit pas de temps, sa vigilance qui ne se lasse jamais,
& son courage que la crainte, le peril, ny la mort mesme n'ont jamais
peu destourner des sentiers de la victoire, luy franchit tous les obsta-
cles, luy facilita toutes les difficultez, & fit cognoistre a ces rebelles
ce que peut vne prudence aguerrie jointe à vne genereuse conduite , Il mit ordre que les mineurs ayans par vne extreme
diligence , fait ouuerture de la tour Nostre Dame, disposerent en
mesme temps vn fourneau afin que l'effet d'iceluy peut, ou rendre la
tour inutile , ou du moins faciliter l'entrée & la reddition de cette place , les poudres sont apportées , les choses disposées & mises en tel
estat , que le lendemain à cinq heures du matin le feu estant mis dans
le fourneau, quoy que l'effet ne fut tel que l'on s'estoit promis, il se fit
neantmoins vne telle ouuerture dans cette Tour, que trois ou quatre
hommes y eussent peu entrer de front, l'effet en fut si violent qu'imitant le tremblement de terre, vne partie des maisons de la Ville furent
esbranlées aussi bien que les resolutions des rebelles assiegés, qui se
trouuerent deslors tellement abbatus de cette secousse, que cognois-
sans leur foiblesse , & que l'espesseur de leurs Tours non plus que
leurs rauelins n'estoient pas à l'espreuue du courage DE SON
ALTESSE , qu'ils eurent enfin recours à la misericordieuse douceur de nostre Conquerant. Mais quoy sera-il dit que cette clemence qui donne le dernier lustre aux actions des Princes ayt presté son
manteau pour mettre à couuert ces armes rebelles , & puisqu'ils ont
prouoqué sa cholere , est-il pas raisonnable qu'ils en espreuuent
les iustes effets? Et qu'ils ressentent que sa main allant du pair auec
sa generosité, fait en mesme temps que ses desseins sont suiuis de
l'execution, c'est alors que ces mutinez se voyans accablanter de tous
costez sous le debris de ces ruines pour se mettre à couuert de l'in-

dignation DE VOSTRE ALTESSE, se seruirent de l'en-
tremise de ce genereux Cheualier Monsieur de sainct Quantin, pour
tesmoigner le desplaisir qu'ils auoient de la disgrace où leur outrecuidance & la rebellion les auoient engagés, leur faisant mesurer leur
espée auec celle DE VOSTRE ALTESSE, & pour l'asseurer tout
d'vn temps qu'ils estoient prets de luy remettre cette Place à composition de Soldats. Cette proposition fut receuë DE SON ALTESSE;
Mais non pas acceptée, puisqu'il tesmoigna de les vouloir auoir à
discretion pour les traicter suiuant le droit de la Guerre, & la seuerité des Loix.   Neantmoins comme c'est le propre des grands courages d'encliner à la misericorde, SON ALTESSE imitant la grandeur de Cezar, voulut couronner par la clemence la gloire qu'il
s'estoit acquise par sa valleur, & par la force de ses armes : & r'asseurant ces mutins dans les esperances d'vn pardon general, les tira du
sepulchre pour leur donner de nouuelles asseurances de la vie, leur
permettant de sortir auec leurs espées seulement. Ce fut au bruit de
cette heureuse nouuelle que la ioye rompit le silence qu'auoient im-
posé les Canons, pour faire retentir nos levres des chants de rejouïs-
sance. Ce fut alors que nos cœurs espanouïs quitterent leurs craintes
pour y placer les nouuelles esperances de salut, & que parmy les
prieres & les acclamations publiques on entendit hautement retentir dans la Ville cette aggreable voix de VIVE LE ROY, dont l'escot
gracieux animant mesmes les pierres du Chasteau, leur fit repeter
cent fois ces fauorables acclamations que les rebelles plus durs que
la pierre qui les enfermoit, nous auoient tant de fois desniées. Ce
fut à ce iour heureux que les fers de nostre seruitude furent rompus
& brisés par SON ALTESSE, ce fut ce bel ouurage qui re-
donna le lustre a nos visages abbatus, & qui renouuella l'image des
plaisirs qui naissent ordinairement de l'heureux succés des belles &
grandes entreprises. Ce fut dis-je alors que vostre genie se rendit
entierement possesseur de la Victoire,

   E PER NON LASCIAR TE MAY.

   Cette mesme apres disnée neuf Compagnies du Regiment de
Nauarre, suiuant les Ordres DE SON ALTESSE, entrerent
dans la place par le guichet, qui se saisirent des clefs, des armes, &
des munitions. La populace estant aux aduenuës du Chasteau dedans & dehors la Ville, attendoit la sortie des Ennemis ; Mais la
honte, la crainte, ou quelque autre consideration retint cette garnison iusques au lendemain.

On ne fçauroit croire la multitude de peuple qui eftoit à confiderer les tranchées, les batteries, auec l'ordre & la difpofition d'icelles, & ceux que la crainte du canon ou la terreur des bombes auoient autresfois efloignés ou retenus dans leurs maifons, exempts de toute apprehenfion venoient par curiofité, pour remarquer tout cet attirail de guerre.

Le lendemain le Peuple bruflant du mefme defir de voir fortir ces mutins, continua fes affemblées aux aduenuës du Chafteau, d'ou le Sieur de la Planchette fortit à cheual, accompagné de fa trouppe mutine, & de deux chariots de bagage feulement, & tira du cofté de Muffy. Ce ne fut pas fans effuyer des injures & fans eftre chargé à grands coups de pierres. Les Preuofts & gens de guerre qui faifoient efcorte à ces mutins eurent beaucoup de peines à reprimer la populace, qui voyant l'autheur de fon defaftre, & fe fentant efmeuë d'vn jufte reffentiment de fes pertes pafsées, fe vouloit jetter fur cette trouppe pour la deualifer; Voila en peu de parolles le fuccés du fiege du Chafteau dont nous auons la principale obligation aux foings, à la vigilance, & à la conduite D E S O N ALTESSE, qui par fa bonté ordinaire nous a tiré de ces confufions, & nous à rendu le calme apres ces orages; & auroit entierement terminé nos miferes par fes victoires, fi cette hydre renaiffante, (ie veux dire, la rebellion) n'euft aux attaques de Pagny fufcité de nouuelles femences de gloire à noftre conquerant. Voila doncques que par vne nouuelle entreprife Pagny, Chafteau fort confiderable, fcitué proche de la riuiere de Saone, fe treuue affiegé par ceux de la garnifon de Seurre, laquelle ignorant la prife du Chafteau de Dijon, auoit formé cette partie pour faire quelque diuerfion d'armes, ou du moins pour obliger S O N A L T E S S E, à leuer le Siege du Chafteau. A cet effet trois cens hommes fous la conduite du Comte de Boutteuille, qui commandoit a Seurre formerent ce Siege, & à la faueur de deux pieces de canon qu'ils auoient fait conduire auec eux pour faciliter ce deffein, eftonnerent tellement quelques payfans qui s'eftoient retirez en ce Chafteau, & qui n'eftoient pas accouftumés au bruit des canonnades, qu'au mefme iour qu'il fut affiegé, au mefme iour il fut rendu.

S O N A L T E S S E n'eut pas fi toft receu l'aduis de cette nouuelle, que la vertu qui porte naturellement fon efprit aux hautes entreprifes, & au foulagement des peuples, luy fit prendre la refolution de defnicher ces rebelles; fon experience luy ayant appris de

longue main, qu'il ne faut jamais donner loisir à l'Ennemy de se
fortifier dans vne place surprise, non plus que le temps de se recognoistre, ce fut la raison pour laquelle sous la conduite du Marquis
d'Vxelles Lieutenant General des armées de Sa Majeste, & du Sieur
de Roncherolles Marefchal de Camp, SON ALTESSE, fit incontinent partir le Regiment de cheuaux legers de Cœuures, qui dés le
lendemain ayant passé la Saone pour faire les approches de Pagny,
treuua le moyen de passer quelques Fuziliers par dedans le Parc,
pendant que luy mesme d'vn autre costé s'aduanceant auec la Cauallerie, destacha soixante Maistres, lesquels il soustenoit, accompagné d'vn Escadron de Gentils-hommes volontaires, & suiuy du
reste du mesme Regiment.   Ces heureux commancemens furent
suiuis d'vn succés de bon augure, ou l'vn des Capitaines de Cœuures d'vn courage resolu, accompagné seulement de soixante Caualiers, l'espée & le pistollet à la main, entrant dans la basse Cour
surprit tellement ces rebelles, que laissants leurs cheuaux, à peine
eurent-ils le temps de se retirer dans le Chasteau; pendant que quelques autres cherchoient leur asseurance dans vne Chapelle, qui seruit de retraicte à ces impies, & fut polluë & contaminée de leurs
cheuaux.   La reuerence de ce lieu sacré fut vn puissant aiguillon
qui excita le courage des nostres pour chasser ces chiens de ce
sanctuaire, ou nos Fuziliers les attaquants viuement, ils furent contraints de ceder & de receuoir la Loy des victorieux, qui receurent
à discretion ceux qui n'en auoient point eu pour porter le respect
aux choses sacrées; dont les vnes estoient rompuës, les autres cassées,
les ornemens deffigurez: les marbres mesmes quoy qu'insensibles se
sentirent de leur fureur: les sepulchres se fendirent sous la violence
de leurs coups; & ces marques augustes & anciennes des Illustres
Maisons de Charny & de Vienne, aussi bien que leurs pourtraits re-
leuez en bosse, furent deffigurés; Et ie croy mesmes que ces impies
violans les droits & la Religion des sepulchres, ne pardonnerent
pas mesmes aux cendres de ces anciens Seigneurs, qui seruirent en
cette conjoncture pour descharger les feux de leurs choleres & de
leurs impietez.
    Cependant la diligence qui animoit toutes les actions, de nos
Caualiers, les porta iusques aux portes de Seurre; ou les charettes
& quelques cheuaux chargez du butin de Pagny, furent repris sur
les Ennemis: & si les nostres eussent aduancé l'execution de leur dessein
d'vne demié heure seulement, Bouteuille & ses deux canons couroient
risque d'y demeurer.   E iij

SON ALTESSE cependant qui fçait qu'en matiere d'entreprifes militaires, toutes longueurs font ou perilleufes ou perni-
cieufes, donna les Ordres pour faire incontinent partir les Regimens
de Nauarre, Bourgongne, & dix Compagnies de celuy d'Vxelles,
fous la conduitte des Marquis de faint Martin, d'Vxelles, & quelques autres Seigneurs qui fe treuuerent à Pagny le douziéme du
Mois auec vne piece de Canon. Mais la crainte qui auoit changé le
courage & la condition de ces rebelles, qui d'affiegeans eftoient de-
uenus affiegés, les auoit auffi difpofés à la reddition de cette place.
La propofition en auoit efté faite, à condition qu'ils feroit permis à
d'Alegre & à ceux de fa fuitte, de retourner à Bellegarde ; Mais
eftants rebuttés ils n'eurent autre fruit de leur entreprife que le defefpoir, pendant que les noftres à la faueur d'vne Maifon voifine,
dont la Caue fut ouuerte pour entrer dans le fofsé, eurent la facilité d'attacher le mineur à la groffe tour.   Ce qui eftonna tellement
ces rebelles, que fans autre deflay ils prirent la refolution de deman-
der la mefme compofition que l'on auoit accordée à la garnifon du
Chafteau de Dijon. Et quoy que la feuerité d'vn iufte chaftiment
d'euft feruir de recompenfe aux entreprifes de ces temeraires, toutesfois la generofité DE SON ALTESSE, les voulut vaincre
de deux façons, & non content de les auoir furmontés par les armes, encores les voulut-il vaincre par la clemence. Il donna doncques permiffion à d'Alegre, & à ceux qui l'accompagnoient dedans
Pagny, de fe retirer hors de la Prouince ; apres toutesfois auoir pre-
fté le ferment folemnel de iamais ne porter les armes contre le feruice de Sa Majefté. Ainfi ce Chafteau eftant rendu le treiziéme
Decembre, conferua l'honneur des armes du Roy, augmenta la gloire & l'eftime DE SON ALTESSE, & fournit nouuelle matiere de
réjouïffance à nos Citoyens, qui loüoient le Dieu des armées, & be-
niffoient le courage de celuy qui par le fuccés de fes conqueftes, jet-
toit par toute la Bourgonne des nouuelles femences de paix ; fi cette
fureur infernalle, cette fille de la defobeïffance, ie veux dire de la
rebellion, remplie de fang de vengeance, & de pillage, n'euft difpofé
les plus beaux traits & le plus bel ornement de vos victoires. Cette
hydre renaiffante ennemie de toute puiffance legitime, auoit choifi
fon Donjon dans la ville de Seurre, laquelle fcituée fur la Saone auoit
cet aduautage qu'eftant maiftreffe de la Riuiere, elle l'eftoit auffi du
commerce qu'elle pouuoit interrompre à volonté, comme eftant
frontiere. Il luy eftoit facile d'efperer & receuoir les fecours eftran-

gers, & l'art qui auoit donné la derniere main à ses fortifications regulieres, & auoit espuisé vne grande partie des finances pour esle-uer ses bastions, ne la mettoit pas seulement en deffence; mais (qui est bien d'auantage) la rendoit de tout point inaccessible & impre-nable, elle donnoit telle asseurance aux mutins, qu'elle fut choisie comme vn lieu de retraite pour faire ferme & pour resister à tous les efforts que l'on pourroit faire pour estouffer ce party, & se promet-toit-on qu'apres auoir soustenu vne armée Royale, & obligé Sa Ma-jesté de faire voyage expres pour reduire cette place à son obeïs-sance, qu'on eluderoit auec facilité tous les efforts que SON ALTESSE pourroit faire, & que l'on rendroit le succés de ses armes inutile. Mais son esprit qui ne se rebutte jamais pour la peine, & qui tire ses plus grands aduantages de l'execution des choses difficiles, voyant que cette place estoit vne retraite de mutins rebellés qui n'ayants point d'autre interest que celuy de nos pertes, se seruoient de la scituation de ce lieu pour desoler le Pays, tyranniser la Prouince, & mettre nos Habitans & nos Villages en contribution, & que de plus par vn criminel attentat ils en vouloient aux biens, à la liberté, & aux personnes de nos Citoyens, projetta dés lors la deffaite de ces mutins, la ruine totale de ces rebelles, & la demolition de la place. Ayant pour cet effet obtenu les Ordres de Sa Majesté, il ordonna au Mar-quis de Roncherolles Lieutenant General de l'armée, de se rendre à saint Iean de Losne, pour faire aduancer les Regimens de la Ma-rine, Belsunce, & de Bourgongne: & cependant poussé du desir de nostre repos, sortit de Dijon, le cinquième de May. Il ordonna la reueuë de ses trouppes: & pour ne point perdre de temps, fit ad-uertir de sa marche Monsieur d'Vxelles Lieutenant General en cette Armée, & pareillement fit couler sur la Saone l'artillerie qui estoit à Auxonne qui fut amenée au port de Pagny: pendant que d'au-tre costé SON ALTESSE, qui desiroit signaler toutes ses actions par la victoire, fut en personne recognoistre la place, & faisant ses approches iusques à la contrescarpe du costé de la porte de Chamblan, s'exposa pour nostre seureté aux mousquetades, au ca-non, & aux sorties que firent nos Ennemis. Ce qui obligea SON ALTESSE pour reprimer l'insolence de ces mutins, d'ordonner qu'on trauaillast incessamment aux tranchées qui furent faites de ce costé. Cette genereuse ardeur operoit de toutes parts, & pendant que les trauaux se faisoient du costé de Chamblan, Monsieur le Marquis d'Vxelles arriuant auec ses trouppes, & les Regimens de Cauallerie de Manchini, de Roncherolles, & l'Eſtrade, les Pionniers furent auſſi employés au tranchées du coſté de la porte ſainct George auec vne diligente dexterité qui fut de tres-mauuais augure aux aſſiegez.

Ce n'eſt pas aſſez à vn Chef de Guerre d'auoir veu vne place, ſi elle n'eſt conſiderée de tous les coſtez pour en recognoiſtre les foibleſſes & les manquemens. La reſolution qu'auoient teſmoignée les aſſiegez de ce vouloir deffendre, fit auſſi que SON ALTESSE pour les attaquer les voulut recognoiſtre de tous coſtez. A cet effet accompagné des Marquis d'Vxelles & de Roncherolles Lieutenans Generaux, des Sieurs de ſaint Quentin Capitaine de ſes Gardes Mareſchal de Camp, de Rangueuil, de Souuigny, de Sainct Hilaire, & de Leſſart, il fut recognoiſtre la place du coſté de ſainct George, & n'eut pas ſi toſt parû, que ſon deſſein eſtant recogneu par les ennemis, au meſme temps ils pointerent & deſchargerent vne piece de canon dont le boulet portant à ſes pieds, quoy qu'il fuſt tout couuert de terre n'eut pas aſſez de force pour esbranler ſon courage, n'y pour deſtourner ſes reſolutions. Les ſorties qui s'enſuiuirent le lendemain, ne ſeruirent aux aſſiegez que pour faire recognoiſtre leurs portes, & changer en meſme temps de Maiſtre & de party. Cependant les retranchemens du Camp des deux quartiers ſe treuuent en eſtat, & les lignes de circonuallation commencées faiſoient eſperer que les deſſeins DE SON ALTESSE, ſeroient ſuiuis de ſes proſperitez ordinaires, & que rien ne ſe pourroit oppoſer à la iuſtice de ſes armes. Il diſpoſa l'ordre de la Garde, qui fut du depuis exactement obſerué, & reiglant les departements, il reduiſit les choſes à deux attaques d'vn meſme coſté ; ſe reſeruant celuy Chamblan comme eſtant le plus auantageux pour cét effet. L'vne fut au baſtion de Guyſe qui regarde la Riuiere, & l'autre au baſtion du Roy qui enfermoit entre les deux attaques, le baſtion Sainct Martin qui eſtoit détaché. Suiuant les intentions & les projets de SON ALTESSE, toutes choſes concourent pour l'ouuerture de la tranchée. La nuict qui eſt deſtinée pour le repos de toutes les creatures donna le commencement aux trauaux, qui furent tellement diſpoſés que la Cauallerie & Infanterie qui eſtoient en faction, y pouuoient prendre leurs aſſeurances, SON ALTESSE cependant qui diſpoſoit les choſes à vne glorieuſe fin, monte à cheual, & en cas de ſortie ſe reſolut au combat pour apprendre à ces mutins, que ſa main qui ſçait manier les armes, ſçait auſſi cueillir les

Lauriers

Lauriers. Les rebelles demeurerent fi fort interdits, que toutes chofes furent pacifiques cette nûit. Mais lors que le Soleil commença
d'efclairer les ouurages, recognoiffans trop tard combien leur timi-
dité leur apportoit de prejudice, tranfportés de defefpoir de fentir
fi près d'eux les armes de leurs Souuerain, creurent qu'ils en feroient quittes en iettant de la poudre aux yeux de nos genereux.
Ils n'efpargnerent point la bouche de leurs canons, & defchargerent
leur cholere en moufquetades inutiles qui s'exalerent en bruit & en
fumée fans beaucoup d'effet, pendant que les noftres fe fortifioient
dans leur nouuelle conquefte ; Mais les approches animoient la refolution de ces defefperés ; qui effayerent en vain de nettoyer la
tranchée. Les murailles cependant paroiffoient toutes en feu ; &
les canonnades tirées fans intermiffion auoient changé la face de cette place rebelle, en forte qu'elle fembloit vn mont Vefuue, ou vne
cauerne de Cyclopes. Ces feux toutesfois qui fe lanceoient fans in-
terruption, n'interrompirent pas le deffein DE SON ALTESSE,
qui dans la force d'efprit qui luy eft naturelle, faifant continuer les
trauaux ne s'esbranla n'y recula iamais, & creut que le temps eftoit
arriué, auquel malgré la refiftance de ces mutins, malgré les efforts
de ceux qui leur faifoient efperer du fecours, & en defpit des fecrets
Ennemis de la France, fes armes ne pourroient eftre diuerties, il
creut dif-je que le temps eftoit arriué qui deuoit par fes armes ranger ces rebelles à leur deuoir. A cet effet dix pieces de canon mifes
en batterie du cofté de Chamblan pour ruïner les deffences & pa-
liffades du chemin couuert, furent pointées entre les deux baftions
qui font vis à vis de celuy de Sainct Martin, SON ALTESSE,
qui n'ignore rien du fait de la guerre, fçachant ce que la prefence
d'vn Chef d'armée vaut à vne entreprife, voulut affifter en perfonne aux premieres volées qui feroient enuoyées vers la place:
Ce deffein l'obligea de preuenir le Soleil par fa diligence. Ayant
entendu la Meffe il fit fucceder à la deuotion de fes actions pieúfes,
la rigueur des armes, & la feuerité de fa iufte indignation ; dont
quatre vingts volées de canon furent les meffageres, qui publie-
rent hautement que fes commandemens eftoient autant de coups
de tonnerres qui menaçoient d'efcrafer ces Salmonées, s'ils ne fe ran-
geoient promptement à l'obeïffance & au deuoir. L'eftonnement de
cette Salue les esbranla de telle façon, qu'ils fe fentirent obligez de
retirer les pieces qui garniffoient leurs embraffeures; dont quelques
vnes ayans efté defmontées me donnerent fujet de faire ces vers.

F

D'Espernon allume la foudre,
Qui les menaçant de la mort,
Fait voler la muraille en poudre.
Le canon cede à son effort,
Et cette matiere endurcie
Resistant moins que leur manie,
Leur fait cognoistre leur deuoir,
Et que la plus haute insolence
Ne sçauroit sans outrecuidance
Chocquer les Loix de son pouuoir.

Le desir qu'auoit SON ALTESSE, d'acheminer ses desseins à vne heureuse fin, fit qu'on aduança vne nouuelle batterie de trois pieces de canon, qui battirent les palissades du chemin couuert, la pluye cependant qui sembloit nous contrarier, interrompit la diligence & la ferueur de nos Soldats, qui attandans la faueur d'vn Ciel plus serain, se contenterent de conseruer ce que la generosité leur auoit acquis. Les ordres nouueaux donnés au Sieur de Rangueüil, brisérent les palissades qui estoient sur le Glacis du chemin couuert, proche la leuée de Chamblan; & le rendirent maistre d'vne espece de Rauelin palissadé, qui regarde la face du bastion de Guyse, qu'il s'acquist par son courage, & le tint toute la nuict, le iour ayant r'asseuré ces mutins qui se rendoient indignes de sa clarté, les fit resoudre à trois sorties, dont les deux premieres nous furent auantageuses: Mais pour les defauts de nos lignes qui n'estans point acheuées ne nous permettoient pas de secourir les nostres à point nommé, nous fusmes contraints de ceder à leur violance à cette derniere sortie; où nostre mal-heur nous priua de quelques-vns des plus genereux qui signerent de leur sang les resolutions qu'ils auoient prises de mourir dans la fidelité des seruices qu'ils deuoient à sa Majesté, nos gens ne laissoient pas de continuer les trauaux. D'autre costé ces rebelles s'opposoient fortement aux desseins DE SON ALTESSE, & creurent que ce qu'ils ne pouuoient auoir par leur resistance, ils l'obtiendroient facilement par la violance de leur artillerie, dont deux pieces estans poinctées contre la batterie que nous auions de l'autre costé de la Riuiere, Monsieur de Santerre Officier de l'Artillerie y fut tué.

SON ALTESSE, en cette conjoncture fit loger Monsieur de Saint Quentin sur le Glacis du chemin couuert, qui en suitte des perils & de la risque que luy & ses gens y auoient couruë, acquist vne grande gloire par sa generosité, & rendit vains les efforts des Ennemis qui s'opposoient à son courage.

Les pallissades cependant qui regardoient les deux faces du bastion de Guyse, firent voir que les Officiers de l'Artillerie ne s'espargnoient pas, aussi estoient elles battües des deux costez ; & furent entierement ruinées. Nos gens d'ailleurs se disposoient à seigner le Fossé. L'on fit de plus vne autre entrée dans iceluy, tant pour placer le mineur qui se deuoit attacher à la face du bastion de Guyse du costé de la Riuiere, comme pour luy donner secours au cas que l'on vouluft s'opposer ou diuertir son dessein.

Ie ne puis en cét endroit desnier A SON ALTESSE, les loüanges qui sont legitimement acquises à sa conduite, ayant si à propos fait pointer le canon, que par ce moyen les assiegez perdirent l'vsage du bastion Sainct Martin, dont les aduenües leur furent retranchées; le pont qui le joignoit à la Ville estant mis par terre par l'effet de nos batteries.

Il y a des pointes de generosité qui s'emoussent quelques fois en combattant, & qui à la longue deuiennent enfin languissantes. SON ALTESSE au lieu de se relascher de ses premieres resolutions, tend tousiours à sa premiere fin, qui est le seruice de sa Majesté ; qui fit que le trentiesme de May 1653. poussé d'vn desir de voir l'effet de la batterie, ces desesperés attenterent à sa personne, sur laquelle ils firent vne descharge qui le mit en peril, cela n'empescha pas que par les mesmes ordres DE SON ALTESSE, le Sieur de Gére s'aduanceant, n'allast à main armée iusques au milieu du pont auec des Charpentiers; & quelques feux qui fussent faits sur luy de la courtine & des lieux éminents qu'il ne fit leuer plusieurs rangs de tables, & jetter dans la Riuiere cinq grosses poultres qui seruoient de support, ce fut alors que la Saonne lassée d'asseurer leur retraicte, emporta ces machines de bois ; pour aduertir les Estrangers que la rebellion ne trouuera iamais d'appuy ny d'asseurance parmy les François, & que toutes ces ondes ne sçauroient esteindre les feux de la iuste indignation que les perfides ont attirée sur leurs testes criminelles. A ce propos i'ay bien voulu adiouster ces vers.

La Saone cette vagabonde
Qui les auoit enuironnez ;
Pleura le Cristal de son onde

Qui feruoit à ces mutinez,
Mais lors que Seurre fut rendüe
La rebellion esperdüe
Y vint esteindre son flambeau,
Et dans l'orgueil de cette Ville
Dont elle faisoit son azyle,
Elle rencontra son tombeau.

Toutes choses estans ainsi heureusement disposées, & nous mai-stres de la contrescarpe, les attaques dressées au gré DE SON ALTESSE, en telle sorte que l'on pouuoit percer à volonté le glacis pour entrer dans le fossé afin d'y faire trauailler le mineur, on fit deux batteries de deux pieces chacunes, à dessein de battre les deux flancs du bastion destaché, qui est entre celuy du Roy & le bastion de Guyse, qui estoit les seuls endroits qui restoient en leur entier, les autres ayans esté desmolis, & les embraseures ruï-nées par nostre canon.

La porte de Chamblan restoit aux Ennemis, où ces rebelles auoient adjousté à la scituation du lieu, tout ce que l'art peut en ma-tiere de fortifications, elle estoit flancquée du bastion du Roy & de la plate forme de saint Hierosme. Mais toutes ces fortifications ayans souffert l'effort de la batterie que SON ALTESSE auoit placée de l'autre costé de la riuiere, cederent à la violence de nos coups, & la courtine entierement ruïnée de ce costé ne pouuoit asseu-rer, moins encore prester le couuert à pas vn de ces re-uoltés.

Les choses deuant Seurre estoient en cet estat, quand SON ALTESSE qui comme vn Lyon sommeillant à toûjours l'œil ouuert à nos interests, receut aduertissement sur la minuit qu'vn feu extraordinaire paroissant sur Mont-Rolland, estoit vn augure certain qui aduertissoit les ennemis de quelque secours estranger. Ces heu-res (quoy que destinées pour le repos des mortels) ne le peuuent rete-nir d'auantage, mais mesprisant & repos & sommeil, aussi bien que les incommodités de la nuit, il creut qu'il n'y auoit point de mo-ments qui ne deussent estre employés à l'vtilité publique. Les con-questes de Miltiades rauissant autresfois le sommeil à Themistocles, le faisoient releuer toutes les nuits. Où SON ALTESSE, re-cognoist de nouuelles matieres de gloire, sa generosité ne luy laisse point de repos. Il monte à cheual, suiuy de tous les volon-

taires, aussi bien que de la Compagnie de ses Gardes , qui par la
diligence du Sieur de la Fage fut incontinent en estat : se rend au
Camp, & par vne actiuité peu commune ayant en vn instant rangé la Cauallerie & l'Infanterie ; toutes choses concouroient
au combat ; lors que la lueur du iour & la clarté du Soleil dissi-
pant les tenebres sur les asseurances qu'on eut de ceux qui battoient l'estrade que personne ne paroissoit, SON ALTESSE
ayant pourueu aux necessitez du Camp se retira en son quartier.

Pendant qu'a vn Siege de telle importance VOSTRE ALTESSE
estoit fortement occupée , le peuple Dijonnois comme le plus inte-
ressé à la conseruation d'vne vie si precieuse que la vostre , que
vous hazardiez iournellement pour ses interests , portoit incessamment ses prieres deuant DIEV pour vostre conseruation , & pour
l'heureux succez de vos armes. Les Processions furent solemnelles,
où la presence des Magistrats fut suiuie d'vne affluence de peuple
qui ne pouuoit cacher l'abondance de ses affections. Les vœux,
furent publics , les prieres generalles , pour ce sujet, ou le tres-Saint
Sacrement publiquement exposé sur les Autels , receuoit les prieres communes de tous nos Citoyens , lesquels la teste nuë , les
mains au Ciel , les genoux en terre faisoient fumer les Autels , &
representoient deuant le throsne de la diuine Majesté leurs adora-
tions & leurs prieres pour attirer sur nous sa Clemence , nous fauoriser de vostre conseruation , & de l'heureux & desiré succés de
vostre genereuse entreprise. Ces voix publiques & vnanimes qui
n'auoient qu'vn seul objet flechirent la bonté diuine à l'accomplis-
sement de nos souhaits. SON ALTESSE fit ouurir le fossé en vn
endroit plus aduancé, tant pour aller à l'assaut que pour attacher le
mineur au bastion ; mais comme l'eau du fossé ne s'escouloit qu'auec
difficulté, à cause qu'elle estoit retenuë par deux escluses, il ordonna qu'on les jroit coupper à coups de hache en plein jour, ce qui
ne se pouuoit executer sans vn grand peril. Nous deuons toutesfois
l'honneur de cette execution aux Officiers & soldats du Regiment
de la Marine , qui firent voir en cette occasion que la moisson de la
gloire ne se fait qu'au champ du trauail.

Les soings DE SON ALTESSE, & les Ordres qu'il fit
obseruer au Camp, furent de telle consequence, qu'il ne se contenta pas seulement de rompre les intelligences des Ennemis , mais
ioignant la vigilance à son courage , il aneantit leurs desseins , &

F iij

les fit réüffir à leur dommage & à leur confufion, & comme fon
courage n'efpargne point fa perfonne, fa vigilance n'efpargne point,
les moyens pour defcouurir les refolutions des Ennemis afin qu'il
luy foit plus facile à les eluder, ou du moins de les combattre, c'eft
l'occafion pour laquelle il enuoya le Sieur de la Riuiere Marefchal
de la Compagnie de fes Gardes, pour fe faifir d'vn certain la Fontaine, que Bouteuille enuoyoit à Bruxelles, afin d'aduertir de l'e-
ftat de la place, & des extremités ou elle eftoit reduite ; mais la
route eftant changée, la Fontaine fuiuit le cours de la Riuiere, qui
l'amena prifonnier A MONSEIGNEVR LE DVC
D'ESPERNON.

Cependant les difficultés de ce fiege ne diminuerent rien de
l'ardeur n'y des volontés de nos Soldats. Le Sieur de Rangueüil accompagné de deux cens hommes & du Regiment de Bourgongne
entra dans le fofsé, & faifant porter quantité de fafcines, & dix
madriers, à la faueur de fes gens qu'il auoit difpofez pour empefcher l'effort des Ennemis, il attacha le mineur au baftion de Guife,
qui trauailla auec vne telle dexterité & diligence que S. A. receut la
nouuelle par le fieur de Suilly Officier du Regiment de Bourgongne
que le mineur ayant percé la muraille dont le baftion eftoit reueftu, il trauailloit dans le terrain ; & confirma fon dire par les pierres
& par la terre mefme du baftion qu'il auoit apportée par curiofité,
& dont il fit prefent A SON ALTESSE. Pendant que le
mineur & le canon trauailloient à l'ennuy à qui donneroit plus d'e-
xercice à nos Ennemis, le Comte de Bouteuille n'ayant point de
nouuelles de la Fontaine fon meffager qu'il auoit enuoyé à Bruxelles, reconnoiffant d'ailleurs que les entreprifes DE SON
ALTESSE, font les filles de la raifon, & les auantcourieres de la
victoire : que mefmes la promptitude de nos gens ne luy donnoient
pas le loifir de refpirer : apprehendant d'ailleurs l'experience, la vertu,
& le bon-heur DE SON ALTESSE, quoy que iufques alors il n'euft
fuiuy les voyes falutaires, s'aduifa pourtant d'affeurer fon falut, &
de traicter de l'efchange de quelques prifonniers. Il fe fournit luy
mefme l'occafion de faire tenir vne Lettre au Marquis de Roncbe-
rolles, Lieutenant General de l'Armée, qui donnoit à connoiftre
qu'il defiroit vne conference. Ce Seigneur pour ne point faire de
tort à la fidelité qu'il doit au feruice de Sa Majefté l'ayant enuoyée
A SON ALTESSE, Il la renuoya incontinent, auec des affeurances audit fieur de Roncherolles qu'il luy en donnoit la per-

miſſion. A cet effet la porte de ſaint George eſtant choiſie, ce Comte par des deſguiſemens faſtueux, diſſimulant la foibleſſe & ſes deſſeins, ſous des parolles menaçantes, cachoit vne ame abba-tuë d'ennuis, de fatigues, & de deſeſpoir ; & ne ſouhoit pas moins que de ſe ſeruir d'vn ſecours pour faire perir noſtre armée, ou du moins leuer le ſiege de cette place. Le Marquis luy ayant reply qu'il ne le croyoit pas ſi mal aduiſé, que de ſe flatter de cette eſperance : que s'il ſongeoit vn peu à ce qu'il auoit à faire il prendroit vn peu mieux ſon party. Ce Comte le pria d'obtenir dix iours DE SON ALTESSE, pour pouuoir reſcrire & receuoir des nouuelles, ce qu'il ne pû obtenir du Marquis de Roncherolles, qui luy en faiſant perdre l'eſperance, le conſeilloit d'employer le peu de temps qu'ils auoit, à vne honneſte capitulation.

En ce meſme temps les feux qui auoient eſté veus autreſfois, ſe rallument comme auparauant, & paroiſſent ſur Mont-Rolland, SON ALTESSE, en ce rencontre fut auſſi preſt au combat que la premiere fois : Mais ce ſecours imaginaire n'ayant point d'au-tre realité quo ces flambeaux, reduiſit en fumée l'eſperance des aſſiegez.

D'Eſpernon c'eſt la renommée
Que par tes actes genereux,
A noſtre Prouince opprimée
Ta donne vn ſiecle plus heureux.
Tu renferme cette canaille
Dans le pourpris de ſa muraille,
Et les ſçais reduire aux abois
N'ayans recours qu'à l'eſperance,
Qui pour implorer ta clemence
Ne leur laiſſa rien que la voix.

Le courage DE SON ALTESSE qui entretient conti-nuellement ſa vertu dans la difficulté des employs, comme ſi ſa dignité ne luy deuoit laiſſer que la fatigue & les peines, ayant pre-medité de donner la derniere main au deſſein qu'il auoit formé de ranger cette place aux deuoirs de l'obeiſſance, comme la di-ligence eſt la mere feconde des victoires, il reſolut, en continuant ſes batteries, & les effets de la mine, ſans faire eſtat des remiſes du Comte de Bouteuille, de ſe frayer le chemin dans la place,

par la ruïne mefme de fes baftions, qui eftoient deftinés pour
efleuer plus haut les Trophées qui deuoient couronner toutes fes
actions.

Ce furent fes femonces martialles qui firent que le Comte eût
recours à vne nouuelle conference auec le Marquis de Roncherolles pour en tirer cet aduantage, ou de gaigner du temps, ou du
moins de diuertir les deffeins DE SON ALTESSE; Mais
fur ce qui luy fut reprefenté, qu'à la faueur de la mine qui alloit
jouër, SON ALTESSE auoit refolu de prendre fon logement fur
ce baftion; recognoiffant d'ailleurs en qu'elle difgrace fon outrecuidance & l'iniuftice de fon party l'auoit infenfiblement engagé;
& que de plus le peril eftoit euident, le fecours incertain, & la punition prefente; il fe reduifit à la fin à vne capitulation, dont pour euit-
ter la longuer j'omettray icy les circonftances, me contentant de ren-
uoyer le Lecteur à ces belles, curieufes, veritables, & exactes relations,
qui m'ont fourny de matieres à ce difcours. C'eft icy ou ma plume fe
doit transformer en fentimens de joye. C'eft icy, MONSEIGNEVR,
ou j'aurois befoing de l'vne de celles des aifles de vos Victoires, pour
laiffer à la pofterité des characteres immortels des eternelles obligations que nous auons à la generofité DE VOSTRE ALTESSE,
C'eft icy ou les idées de vos actions heroïques excedants de beaucoup la portée de mon efprit, troublent mes conceptions en telle
forte, que leur abondance caufe la fterilité de ce difcours, leur grandeur m'accable, le nombre me met dans l'eftonnement; & ce qui
fait parler la voix publique me tiendroit dans vn filence perpetuel
pour confeffer mon impuiffance, fi vos armes n'auoient reftitué
à nos Citoyens le plus beau rayon de la vie ciuile qui eft la liberté, nous la deuons, MONSEIGNEVR, à voftre condui-
te, nous la deuons à vos trauaux, nous la deuons à vos Victoires,
& à la diuerfité de tant de genereux exploits qui ont abbaiffé fous
vos pieds l'orgueil de ces mutins, qui font autant de differents fujets
qui doiuent raffeurer nos craintes, & releuer nos efperances abbatuës. C'eft ce qui fait que dans mes foibleffes ie raffemble mes
forces auec mes volontés pour vous donner quelques marques de
mes recognoiffances, qui feront toufiours inégalles à vos faueurs;
mais qui publieront hautement à la pofterité que vos Lauriers ne
fe font efleués que pour nous mettre à couuert, & nous garentir des orages, dont nous eftions menacez. La rebellion s'eftoit re-
tranchée dans ce Fort comme dans vn azyle; fon donjon eftoit af-

feuré

seuré par plusieurs bastions reguliers; la courtine, les lignes de deffence, le fossé, le chemin couuert, & les palissades en rendoient les
acces perilleux, difficiles & presque inaccessibles ; les mortiers, les
bombes, les canons, les grenades, les munitions, & tout son attirail de
guerre sembloient fauoriser son mauuais dessein : pourtant elle s'est
trouuée abbatuë cette orgueilleuse, elle a esté vaincuë cette inuincible ; Vous auës osté l'estre à celle qui ne l'eut jamais que pour nostre ruïne, dont les mains barbares n'espargnoient nos Citoyens
que pour les destiner à la rançon : & cette reuoltée qui seruoit de
retraicte à ses oyseaux de rapine, maintenant desarmée, desmolie,
& ouuerte de tous costés, elle est contrainte de recourir à vostre Clemence, de ceder à vos armes, & de fleschir sous vos victoires, c'est
aussi ce sujet qui auoit occasionné les Magistrats de changer l'Em-
bléme de l'Anneau DE SON ALTESSE, & au lieu qu'en iceluy la
Fortune soustenoit vn enfant auec la deuise

E PER NON LASCIAR TI MAY.
Ils donnerent plus iustement à la vertu & aux Victoires DE SON
ALTESSE, ce que l'ouurier auoit attribué à la Fortune. Ainsi les
deux Victoires du Chasteau de Dijon & de Seurre seruirent de sou-
stient & de principal ornement à ce corps d'Attique pour supporter
le buste DE SON ALTESSE ; representé à la mode des anciens
Heros d'vne grandeur proportionnée à ses actions qui surpassent
beaucoup l'ordinaire des hommes. Il estoit enuironné d'vne couronne triomphale enrichie de part & d'autre de Palmes & de Lauriers qui sortoient des mains de ces Victoires, lesquelles se faisoient
assez reconnoistre par le torrent du Suzon representé d'vn costé parmy des roseaux, & par la riuiere de Saone representée de l'autre costé pour designer la scituation des lieux de ses conquestes. Ainsi le
Rhône & le Rhin representés en or en forme de Captifs porterent autresfois dans Rome la gloire du premier triomphe de Iule Cezar, qu'il
auoit obtenu sur les Gaules ; & mesmes sa seconde expedition dans
l'Ægypte, decora pareillement sa pompe de la representation du Nil.
La Ville à cette imitation pour exprimer les Victoires de S. A.
auoit disposé ces deux figures appuyées sur des vases renuersés, dont
l'on voyoit réjaillir des ondes, & d'autant que les deux timons ser-
uent à la conduite comme les marques veritables du commandement, l'on en auoit garny leurs mains, pour les representer en ce
lieu en signe de soûmission aux armes DE SON ALTESSE, qui
estoient aussi designées par deux figures, qui les armes à la main

G

donnoient tacitement à connoiſtre aux aſſiſtans, que tous ces honneurs n'eſtoient que la iuſte recompenſe de ſes expeditions militaires, & de ſes affections à l'endroit de la Ville de Dijon, laquelle luy eſtoit redeuable d'vn ſecond eſtre, ayant eſté par luy tant de fois tirée des vexations, de la triſteſſe & de l'oppreſſion. Les reconnoiſſances publiques ſe faiſoient par vne Inſcription qui rempliſſoit vn Cartouche qui eſtoit au bas du pourtrait DE SON ALTESSE, ou eſtoient ces mots en gros characteres.

FORTI ET INVICTO
PRINCIPI
DIVIO RESVRGENS.

Au bas de l'Architecture, ſur les meſmes piedeſtaux, où eſtoient repreſentés les ſieges de Pagny, & du Chaſteau de Dijon, l'on voyoit ſur deux conſolles qui eſtoient en Saillie, deux figures grandes comme le naturel ; l'vne portant à ſa main vn pentagone ou eſtoit ce mot Grec ΥΓΙΕΙΑ, laquelle repreſentoit la Deeſſe Salut.

L'antiquité dans les confuſions du paganiſme s'eſtoit figurée vne multitude innombrable de diuinités dont parmy les diuinités ſalutaires (ſi nous ſuiuons Apulée) & que les Grecs appelloient σωτῆρες, il y en auoit vne qui fut adorée ſous le nom de la Deéſſe de Salut, à laquelle Iunius Bubulcus le Cenſeur erigea vn Temple au Mont-Quirinal, ſixiéme region de la Ville de Rome, Feſtus à ce propos appelle la porte Salutaire celle qui eſtoit voiſine du temple de cette Deeſſe, Les Magiſtrats la repreſenterent en ce lieu pour faire connoiſtre à la Populace que le Salut de la Prouince eſtoit l'ouurage DE SON ALTESSE. Nous n'eſtions pas aſſeurez dans nos portes tandis que ces Corſaires tenoient ces places: leurs vols continuels appauuriſſoient la Prouince ; & ces deſeſperez ſe faiſants redouter comme des Souuerains, oſoient bien mettre nos villes en contribution pendant qu'ils deſoloient la campagne ; & s'eſtans meſmes rendus les maiſtres de la riuiere, faiſans ceſſer le commerce, ils mettoient tout en deſordre, & ruïnoient inſenſiblement nos familles ; Mais SON ALTESSE ayant dompté ces inſolens, nettoyé la riuiere de ces pirates, & deſmoly cette retraite de mutins reuoltés, la Prouince de Bourgongne luy eſtoit entierement re

deuable de son salut. C'est à ce sujet que l'on auoit representé cette
Deesse portant à la main cette figure pentagone, auec ce mot
Y Γ I E I A; dont l'inuention a esté empruntée d'Antiochus, lequel
dans l'incertitude d'vn combat qu'il entreprit jadis contre les Gala-
tes, comme les choses ne luy succedoient pas à souhait, pour releuer les esperances de ses Soldats abbatus, il feignit qu'Alexandre
pendant son sommeil s'estant apparû à luy, l'auoit aduerty de donner à ces tribuns Militaires le signe de Salut disposé en cette Figure

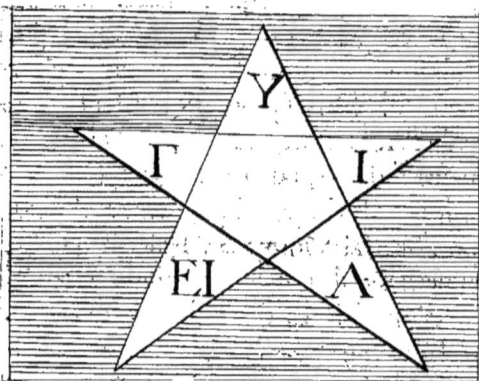

auec ce mot YΓIEIA; & qu'il le fit attacher sur leurs habits;
que par ce moyen il gaigneroit la Victoire. Ce qu'ayant reüssi don
na lieu à Antiochus d'imprimer du depuis ses monnoyes de ce
signe. SON ALTESSE n'a pas eu la peine de faire porter à ses
Officier ce signe de Salut; mais toute la Prouince la veu empreint
sur son visage: son courage, & la pointe de ses armes asserées nous
en ont procuré la iouyssance, c'est pourquoy l'on auoit mis ces mots.
Quod salutem publicam. A l'opposite de cette figure l'on voyoit aussi
le simulachre de la liberté, a laquelle l'antiquité, superstitieuse con-
sacra pareillement des Autels: le mont Auentin fournit la place de
son temple, & P. Victor en fit la structure. Elle se faisoit recognoistre
per le bonnet qu'elle portoit à la main; qui fut le symbole de la liberté, lequel se donnoit ordinairement aux Esclaues. Les medailles
de Brutus, de Galba, & de l'Empereur Trajan le font assez reconnoistre. Mais si nous auons cét aduantage de jouir de nostre liberté, si nous sommes les maistres de nos actions, de nos biens, & de
nos personnes, c'est aussi en SON ALTESSE; dont les exploits
Militaires ont reprimé & opprimé ceux qui ne nous espargnoient
que pour leur payer des rançons excessiues, que nous pouuons à

G ij

prefent reconnoiftre la fource de noftre bon-heur , & le reftituteur
de noftre liberté , dans les prifes du Chafteau de Dijon , de Pagny,
& de Seurre qui tenoient autresfois cette Prouince en feruitude.
Au bas l'on voyoit ces mots , *Et libertatem Ciuibus reftituerit.* Telle
eftoit la difpofition de ce troifiéme Portique, lequel s'efleuant à la
faueur des Victoires DE SON ALTESSE , faifoit connoiftre aux
Spectateurs que la curiofité ou pluftoft l'affection auoit attirez de
tous les endroits de la Bourgongne pour affifter à cette folemnité,
qu'en SON ALTESSE , nous pouuions reuerer l'Autheur du falut de
cette Prouinc , le Ref irutcur de la liberté commune , le Mediateur
de la feureté ubl que , le protecteur de nos priuiléges , & de nos
interefts, la feu c ufe de noftre repos , le feul reftaurateur de nos
pertes, (& pour dire n vn mot) l'Exterminateur de la rebellion, qui
apres les longueurs tigantes de trois Sieges, les hazards de la guerre, les fueurs & les p rils des combats, vient maintenant tout chargé
de palmes pour nou faire iouyr des fruits de fes Victoires, & receuoir reciproquemer des peuples qu'il a fi puiffamment obligé , les marques triomphantes deuës à fa generofité qui fourniront
le fujet de l'Architecture fuiuante. Apres que nous aurons fait voir
au Lecteur les vers, qui rempliffoient la table d'attante de cet Arc.

Trois Sieges importants vantent la renommée
De fa rare valleur dont la gloire animée,
Fut l'vnique fupport de noftre liberté.
Auec vn petit monde auoir dans les allarmes,
Triomphé de l'efpoir d'vn peuple reuolté
C'eft fuiure d'vn Cæfar la fortune & les armes.

En fuite de cet Arc, comme le chemin DE SON ALTESSE
eftoit de paffer en la ruë de faint Eftienne , les Magiftrats firent
efleuer au milieu d'icelle vne machine d'extraordinaire grandeur,
mais qui n'apportoit pas vn mediocre ornement à la celebrité de
cette entrée.

C'eftoit vne puiffante Colomne , laquelle portant depuis fa Bafe
iufques à fa fommité pres de foixante pieds d'éleuation , reprefentoit hiftoriquement & fur vn fonds verd qui imitoit la ferpentine,
les vertus heroïques, de ces Illuftres des Maifons de Foix , d'Efpernon, de Candale , de la Vallette , & l'importance des feruices dont
l'Eftat François leurs eftoit redeuable : lefquels fe terminoient par
les dernieres actions DE SON ALTESSE , qui par fes armes Vi-

glorieuses auoit, desliuré cette Prouince des courses & des entreprises continuelles qui se faisoient sur nos Habitans, & qui nous ra-
uissoient la iouyssance des biens, & les delices de la Campagne.

Cette structure se soustenoit sur vne base quarrée de douze, ou
treize pieds d'esleuation, dont les trois faces estoffées en Cirage de
differents trophées, de couronnes, de Captifs, & autres instruments
Militaires, outre les Inscriptions, contentoit la veuë & la curiosité
des Spectateurs par la diuersité de ses ornements triomphaux, aussi
bien que par la ligne spirale qui diuisant toute les histoires, seruoit
comme d'vn couronnement, ou comme d'vn feston perpetuel com-
posé de feüilles des Lauriers que la generosité auoit acquis A SON
ALTESSE.

L'autre face de cette base qui regardoit le penchant de ladite ruë,
estoit pareillement reuestuë des armes DE SADITE ALTESSE,
soustenuës aussi par les victoires qui sont toûjours les fidelles com-
pagnes de ses exploits Militaires.

La sommité de tout cet edifice estoit vn petit dome, qui supportoit la statuë de bronze de feu Monseigneur Iean Louys de Nogaret de la Vallette, Duc d'Espernon, Pair & Collonnel general de
France, Gouuerneur & Lieutenant general pour le Roy en Guyenne, ville & Citadelle de Mets & pays Messin; dont la vie estant
vne perpetuelle expedition Militaire, toûjours accompagnée comme la Fortune de Cæsar d'vn heureux & fauorable succés en toutes
ses entreprises, soit contre les Estrangers, soit contre les ennemis de
l'Estat, on auoit mis à ses pieds les despoüilles & Trophées qu'il auoit
remporté pendant sa vie sur differentes Nations, lesquelles seruoient
de couronnement à tout cet edifice.

Les colomnes estant frequentes aux anciens pour designer quelque
chose, elles n'ont iamais esté erigées sans sujet: & comme l'Art en
releuoit la grandeur, elles ont eu quelque signification mysterieuse
qui en releuoit aussi la Structure. DIEV mesmes le Souuerain
Createur de cet Vniuers, parlant dans la sainte Escriture de la merueilleuse scituation du plus lourd de tous les elements qui tient cet
Vniuers suspendu sur sa propre pesanteur, c'est serui de ces termes:
Ego (dit-il) confirmaui columnas eius.

Cette mesme Figure a estée miraculeusement choisie & enflam-
mée de la lumiere du tout-Puissant pour la conduitte & pour le ra-
fraischissement du peuple d'Israël parmy les destours & les bruslan-
tes arrenes du desert.

Elles furent auſſi heureuſes dans le mal-heur de cet Illuſtre & genereux Samſon ; puiſque entre ſes mains elles ſeruirent d'armes mortelles & Triomphantes, leſquelles au milieu meſmes de ſa priſont l'affranchirent de ſa captiuité & luy firent remporter par vne mort victorieuſe la gloire d'auoir ſubjugué tous ſes Ennemis.

Elles ſeruirent de limites aux victoires de ce fameux Hercule apres tous ſes trauaux ; & les eſcrits qui nous en ont laiſſé la memoire, les placent encores dans le deſtroit de Gilbratar.

Elles furent autreſfois eſtimées des Ægyptiens le ſymbole de la force & de la fermeté : leur eſleuation fut adaptée par les Anciens à la renommée qui releuoit conformement à leur ſtructure les actions des Illuſtres , au dela de la condition des autres mortels.

Les Grecs en ornerent cet illuſtre Ceramique ou les Atheniens immortaliſoient la memoire de ſes genereux , qui auoient autresfois conſacré leur vie dans les combats pour la deffence de leur chere Patrie.

Leur inuention tres ancienne fut pour affermir & pour aſſeurer les baſtimens; auſſi ſont-elles le ſymbole de la fermeté : leur ſymmetrie a eſté premierement miſe en vſage chez les Grecs (ainſi que remarque Vitruue) autant pour l'appuy que pour la decoration des baſtimens : & l'Aſie en vit eſleuer les premieres Architectures au temple de Iupiter Pannonien. La magnificence Romaine , qui ſuiuit, mais qui ſurpaſſa pareillement celle des Grecs , s'eſt bien ſouuent eſleuée ſur la ſolidité des colomnes , le Conſul Menius (ſelon Pline) fut le premier des Romains, lequel en ſuite des Victoires qu'il remporta ſur les Latins & ſur les Antiates, vit dreſſer à ſa gloire vne colomne dans la place publique. Duillius (ſelon Florus) ayant deffait la flotte & les forces maritimes des Cartaginois, par decret du Senat fut honoré d'vn triomphe perpetuel , & la colomne roſtrale luy fut erigée en la grande place aux deſpends du public. Aupres d'icelle il y en auoit encores vne de pierre Numidienne à l'honneur de Iules Cæſar, auec ce tiltre aduantageux PATRI PATRIÆ. Et la meſme hiſtoire nous aſſeure que deuant le temple de Bellonne les Romains en auoient fait conſtruire vne autre, qui portoit le nom de Bellique ou Militaire, d'autant qu'apres les accroiſſements de l'Empire Romain , comme ils ne peuſſent ny aſſes commodement ny ſeurement enuoyer les Feciales aux terres Eſtrangeres ou ils vouloient denoncer la guerre , pour obſeruer en cette ceremonie quelque ſorte

de folemnité ils ordonnerent que le Fecial auec les formes & protestations accouftumées, depuis cette colomne lanceroit vn iauelot à
l'endroit de la fituation du pays ou l'on vouloit employer les armes
Romaines.

Profpicit à tergo fummum breuis area circum,
   Eft vbi non paruæ parua columna notæ
Hinc folet hafta manu belli prænuncia mitti,
   In Regem & gentem, cùm placet arma capi.

Il s'en voyoit encores vne autre dans la fixiéme region de la Ville,
vulgairement apellée *alta femita*, laquelle fut dediée à l'Honneur &
fut appellée *Pila Honoris*.

Les Romains les eftimerent de telle confideration, qu'ils con-
fierent volontiers à leur folidité, la gloire non feulement des meil-
leurs Citoyens, des Magiftrat, des Confuls, mais encores des plus
Illuftres Empereurs: auffi l'ont-elles conferuée iufques à prefent, &
ont fidelement tranfmis à la pofterité auec les noms & les actions
heroïques de ces excellents Empereurs Trajan & Antonin les merueille de leurs Symmetrie, l'artifice de leurs Sculptures & l'admira-
ble difpofition & affemblage de leur matiere; où le marbre taillé
releuoit dans leur fommité les cendres & les ftatuës de ces Illuftres
conquerant. Il me refte encores parmy mes antiquités deux medailles
tres confiderables de ces Illuftres Princes, ou le bronze fait voir qu'elles ont efté erigées à la bonté de l'vn & à la pieté & affabilité de
l'autre. Ainfi celle de Trajan porte dans fon reuers outre la reprefentation de la Colomne, cette infcription S P. Q. R. OPTIMO
PRINCIPI, auec deux Lettres S. C. & celle de l'Empereur Antonin auec la Colomne qui fut erigée à fa memoire, porte pareillement D I V O P I O, & de cofté & d'autre de cette Colomne
S. C. qui fignifie qu'elle ont efté empreintes fur le metal par decret
& par l'authorité du Senat, comme à des Princes, qui furent l'ornement, les amours, & les delices de leurs fiecles.

Ce que la magnificence Romaine inuenta autresfois & pour la
folidité de fes batimens, & pour la decoration de fes Architectures,
ce qu'elle prit foin d'eriger à la pieté, à la bonté & à la memoire
de fes Illuftres Empereurs, nous le deuons tres-particulierement à la
generofité D E S O N A L T E S S E, & au courage, aux vertus, & à la gloire de fes Illuftres de la Maifon de Foix d'Efpernon
de Candale, & de la Vallete : nous le deuons à leur bonté & à

cette affabilité qui leur est naturelle. La Bourgongne leur estant redeuable de sa subsistance, ne seroit ce pas se tacher d'vne extreme ingratitude que de cacher sous le tonneau (par maniere de dire) ces belles lumieres qui reluisent depuis tant de Siecles à l'aduentage de cet estat pour esclairer tout l'Vniuers ? Ne seroit-ce pas vouloir estouffer dans leur naissance les batailles, les conquestes, les Victoires, qui asseurent encores presentement nostre liberté, & le repos à toute cette Prouince ? Ne seroit-ce pas vouloir rauir les graces à la vertu, la gloire, à la renommée, & vouloir ternir & effacer la verité qui est le plus beau lustre de l'histoire.

Non non, les Magistrats ont trop de Iustice & de reconnoissance pour s'oublier en cette occasion : & les tendresses & les tesmoingnages d'amitié qu'ils receurent au depart DE SON ALTESSE, ayant fait vne viue & puissante impression dans leurs esprits, ils ne peuuent ny ne veullent rien obmettre de ce qui peut contribuer à la celebrité de son Entrée.

Ce que la Colomne est au bastiment qui en appuie la solidité & en affermit les murailles SON ALTESSE, l'est à cette prouince de Bourgongne, laquelle estant esbranlée & comme penchante sur sa ruyne par les diuisions intestines de ses Citoyens, par les persecutions des Partisants, & mesme par les mal-heurs & par les passages continuels des gens de guerre, n'ayant point ressenti de plus fort appuy que celuy des assistances continuelles qu'elle à receu & recoit encores à present DE SON ALTESSE, elle a creu qu'elle en de uoit tesmoigner ses reconnoissances publiques par quelques signes exterieurs. C'est pour cela que les Magistrats ont esleué dans les airs la Structure d'vne Colomne Militaire, composée de plusieurs & differents sujets, dont SON ALTESSE, & ses Illustres Predecesseurs ont formé la matiere par les seruices signales qu'ils ont rendu où a l'Estat où à cette Prouince. Ainsi cette machine par vne particuliere inuention de l'Art faisoit concourir en vn mesme sujet les couleurs & les actions DE SON ALTESSE, lesquelles releuées en basse taille ou demy bosse, à l'Imitation des choses antiques, remplissoient sous la duersité des histoites nottée de nombres differents la superficie de cette Colomne : qui nonobstant toute sa grandeur, paroissoit bien petite pour contenir en son diamettre tant de si grands & de si memorables sujets dont le nombre sembleroit infini aussi bien que leur gloire, s'il fallois les debiter en destail.

Et

Et comme la vaillance, la generosité, & les autres vertus Militaires, qui auoient fourny le principal sujet de cette colomne, est successiuement & en ligne directe transmise de Pere en Fils iusques à la Personne DE SON ALTESSE; & de ses descendants l'on auoit voulu le donner à entendre par ces mots escrits en grosses Lettres au tour de la Base de cette Colomne.

FORTES CREANTVR FORTIBVS,
NEC IMBELLEM FEROCES PROGENERANT
AQVILÆ COLVMBAM.

Explication ou table qui peut feruir d'efclaircifement pour connoiftre la diuerfité des hiftoires exprimées fur la Colomne Militaire.

1562.   Le premier efpace cotté 1. Contient la bataille de Dreux.

1568.   2. Reprefente les batailles de Iarnac & de Moncontour, ou Monfeigneur Iean de la
1569.   Vallette, ayeul de S. A. faifant la charge de Maiftre de Camp de la Cauallerie Legere, euft grande part aux heureux fucces des armes de Charles Roy de France neufviefme de ce nom.

     3. Il affiege & prend la Fere en Picardie, où il reçoit vne arquebufade au vifage.

1580.   Apres fon Mariage combat les Reiftres qui eftoient entrés en France, leur enleue
Henry III.   vn quartier de douze cent Maiftres, gaigne trois Cornettes fur eux, oblige les Suiffes de fe retirer. Les Reiftres en font autant.

     5. L'entreprife d'Angoulefme par les Ligueurs fur la perfonne de Monfeigneur le
1588.   Duc d'Efpernon, où il court rifque de la vie, le Maire de ladite ville l'attacquant dans le Chateau pour le furprendre, il fouffre la faim deux iours auec vn combat continuel en grand peril. Madame la Ducheffe pendant ce tumulte faillit pareillement à perdre la vie, les Efcuyers qui la conduifoient eftans bleffés à mort. Toutes fois apres cet effort qui fut inutile à fes ennemis il eut cette generofité de leur donner efcorte, & rendit aux parens les corps du Maire, & celuy de fon Frere qui auoient efté tués en cette attaque, & pardonna mefmes à tous les Habitans.

     6. L'accident qui luy arriua proche de Lyon, où vn Gentil-homme de fa fuitte voulant monter à Cheual, engagea par inaduertence le fourreau de fon efpée dans le frein du Cheual fur lequel eftoit monté ledit Seigneur qui fut impetueufement emporté par ce Cheual ombragenx dans vn precipice efpouuantable, ou le Cheual demeurant acrauanté, fa bonne fortune, ou pluftoft la Prouidence Diuine le tira de ce peril, & ne fut que legerement bleffé à l'efpaule.

1589.   7. Eftampes eft affiegé & pris par le Roy de Nauarre où la pieté dudit Seigneur mit fes Gardes à la porte de l'Eglife pour empefcher les defordres & les violences qui fe pouuoient commettre en vn lieu Sacré : & punir de mort l'impieté facrilege de quelques Soldats du Roy de Nauarre, qui auoient defrobé des Calices.

     8. Il affiege Monthereau Faut-Yonne, qu'il emporte auec le petard.

1589.   9. Il prend Chartres, rafleure au Roy toute la Prouence & le Dauphiné.

1591.   10. Monfieur de la Vallete Frere de Monfeigneur Iean Louys de la Vallete Duc d'Ef-
Henry IV.   pernon, tué d'vne moufquetade au Siege de Rocquebrune, occupée par les ligueur en logeant fes pieces de batteries.

1592.   11. Il affiege & reduit Arles qu'il fepare des interefts de la Ligue, affiege & prent Antibes.

     12. Le coup de canon tiré fur luy deuant Aix le met en extreme peril, ayant tué deux de fes Gentils-hommes, il fut bleffé d'vn efclat des os de celuy qui auoit efté tué.

1599.   13. Montmeillan pris fur le Duc de Sauoye par les foins & par l'intelligence dudit Seigneur Duc d'Efpernon.

1605.   14. Voyage du Roy à Sedan, où le Duc commandoit fon auantgarde.
Louys XIII.   15. Il fait voyage en Bearn qui s'eftoit fouffeué, il le reduit à fon deuoir, il alla à
1620.   Nay, à Salies, à Saugeterre & enfin à Pau : les remet dans l'obeiffance.

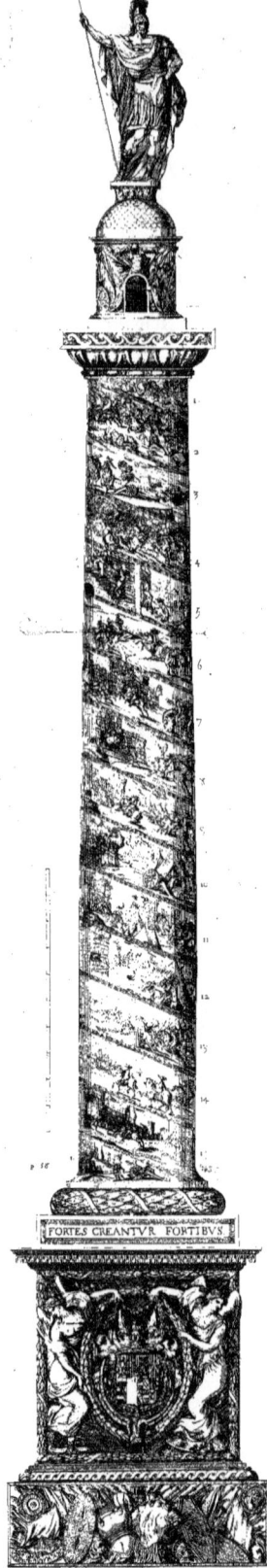

FORTES CREANTVR FORTIBVS

BERNARDO FOXALO PRINCIPI ILLVSTRISSIMO
SEMPER FORTI SEMPER FELICI SEMPER VICTORI
SEMPER INVICTO

FORTES CREANTVR FORTIBVS

BERNARDO FOXÆO PRINCIPI ILLVSTRISSIMO
SEMPER FORTI, SEMPER FELICI, SEMPER VICTORI

❧❧❧❧❧❧❧❧❧❧❧❧❧❧❧❧❧❧

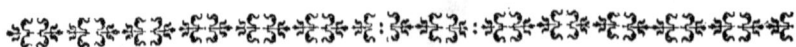

Explication de l'autre face de ladite Colomne, qui estoit tournée du costé de l'Eglise de la saincte Chappelle.

16. A Son retour de Bearn il va treuuer le Roy qui estoit au Siege de sainct Iean d'Angeli contre ceux de la Religion, S. A. y ayant la conduite de l'vne des attaques, ou Monseigneur le Duc d'Espernon Pere de sadite Altesse estant allé, il ne se contenta de voir : mais il sortit hors de la tranchée auec vn Gentil-homme pont de là descouurit la Ville & l'estat du Siege, forces mousquetades tirées sur eux : Il fait neantmoins aduancer la tranchée & percer le fossé, fait tirer en deux heures plus de cinq cent volées de canon, S. A. à l'ouuerture de la tranchée blessée d'vne mousquetade : enfin ledit Seigneur Duc d'Espernon est cause de la reddition de la place, qu'il saue du pillage. — *1621.*

17. Le Roy luy donne le commandement de son armée deuant la Rochelle qu'il assiege, forme le blocus, surprend l'Isle de Marran tres importante aux Rochelois. — *1621.*

18. Il assiege Royan tenuë par ceux de la Religion P. R. ou S. A. estant engagée soubs l'effort de la mine court risque de perdre la vie. — *1621.*

19. La mesme année Monseigneur le Duc d'Espernon pere de S. A. sert de sa personne aux Siege de Lunel, comme aussi à celuy de Sommieres, puis se trouue au Siege de Montpellier.

20. Montauban se reuolte, il reçoit l'Ordre de Sa Majesté pour faire le dégast, bat Soubize, deffait ses trouppes, gaigne le canon. — *1625.*

21. Montauban remue, il fait vn second degat auec peu de forces & beaucoup de de succes, Monsieur de Rohan arme, le Duc d'Espernon s'oppose, & empesche son passage. — *1628.*

22. Monseigneur le Cardinal de la Valette & le Duc de Veimatt Generaux d'armée en Allemagne, & la defaite de sept mille homme à Libourne. — *1635.*

23. Monseigneur l'Eminentissime Cardinal de la Vallete opposé à Galasse en Bourgongne, Mirebeau pris, sainct Iean de Loosne assiegé : fait leuer le siege, recouure Mirebeau.

24. Il combattit les Imperiaux auec aduantage en cinq ou six rencontres, & n'ayant peu les engager en vne iuste bataille, il les contraignit de se retirer à la ruïne & dissipation de leur armée au pont d'Aurrey. — *1636.*

25. Grand sousleuement en Goyenne iusques à la riuiere de Loyre, trente mil hommes estants sous les armes qui prirent Bergerac, se saisirent du pont qui est sur la riuiere de Dordongne, attaquerent sainte Foy qui fut sauuée par les soins de Monseigneur le Duc d'Espernon Pere, pendant que S. A. les attaque à la Sauuetat, & en deffait vn Corps tres considerable, ou nos trouppes ne tiroient qu'a bout portant il poursuiuit le Chef de cette sedition iusques en Quercy, qui fut pris, & Bergerac craignant l'assaut qui auoit emporté les confederés, se rend à S. A. & leurs trouppes sont dissipées. — *1637.*

26. S. A. chasse les Espagnols des forts apellées Socoa qu'ils auoient occupés en entrant dans le pays des Basques. — *1637.*

29. Conserue à plusieurs fois la ville de Mets.

28. Le Duc de Candalle & Monseigneur le Cardinal de la Vallette Freres de S. A. Generaux d'armée en Picardie, reprennent la Cappelle sur les Espagnols, conquestent le Cambresis, Manbeurge & enfin Landrecis, qui fut pris en six iours à la veuë du Cardinal Infant, lequel ayant eu desaduantage en deux rencontres siguallées, n'osoit plus s'opposer à leurs armes. — *1637.*

29. Siege du Chasteau de Dijon. — *1653.*

30. Siege de Pagny.

31. Siege de Seurre : lesdits trois derniers Sieges formés par sadite Altesse, qui à remis ces places en l'obeïssance du Roy.

ADESTE
DIVIONENSES.

OVVM festiuitatis, nouum Gaudij, nouum salutis fulget ar-gumentum.

Primum vis martia, alterum perpetua VALLETANORVM, FOXAEORVM, CANDALEORVMQVE ministrat Victoria.

Illa famæ gloriam, ista triumphalis magnificentiæ pompam conferet.

Heroes isti auitâ nobilitate clari, fortitudine clariores, sed fidelitate
1. Dreux.
2. Iarnac. *clarissimi* 1. *Drocensi,* 2. *Iarnacensi,* 3. *Monconturiensique pugnâ*
3. Moncon- *illustres, regiam armis potestatem fulciuerunt.*
tour.

Quorum gloriam secutus Ioannes Ludouicus à Valleta factionum fœde-ratarum hostis perpetuò infensissimus, infœlicem eis infaustámque belli cupi-ditatem reddidit.

Nauarræum Regem solemni legatione contra fœderatos adiuit.

Inde ad Henricum tertium Franciæ Regem Lugdunum reuersus, Vir Princeps equi ferocitate præceps actus, ludentis simul ac lædentis fortunæ munere illæsus euadit.

Fœlici connubio Margaretam Foxæam & Candaleam sibi coniunxit, cum nuptialibus pompis Mars infensus, ab Hymenæi tædâ ad Bellonæ flam-
Les
Reistres. *mam & 4. Germanorum exercituum exitium abripit.*

Vix annum expleuerat vigesimum, cùm ad summum ridentis fortunæ fastigium euectus, Gallicis exercitibus peditum generalis Præfectus eligitur,
5.Mets païs *5. Metensis Prouincia cuius supremum imperium recusauerat, illius curæ*
Messin. *committitur. Innumeris etiam simul & semel honoribus & dignitatibus re-gia munificentiâ illustratur, gratiæ tamen obsequia præcedentes præclaris deinceps factis inferiores fuere.*

6. Engou- *Forti generosoque animo Fœderatorum insidias.* 6. *In En-*
-lesme. *golismensi arce illius interitum molientes, plurium dierum conti-nuo certamine, & fame obsessus in summo vitæ discrimine perire potuit timere non potuit, virtus illius in ipsis periculis securitatem inueniens dum fortuna facilem fœlicemque in ipsis difficultatibus præberet exitum.*

Seruatis in medio vrbis 7. *Stampenſis excidio Eccleſiis verè pius, mi-* 7.Eſtampes.
lites templa diripientes morte mulſtauit.

In ipſâ pietate humillimus Virgini Deiparæ ad 8. *Montem-Serratum* 8. Noſtre
ſua vota reddere meditatur incognitus, & ideo famulos dimittit ; ſed famâ Dame de Mõt-Serrat.
non famulatu notus, eâdem famâ famulis præualuit.

In mediis bellorum ciuilium motibus ſemper immotus, ſemper intrepidus,
æquali laude bella confecit ac geſſit.

Rebellantem Fœderatorum perduellionem animo & armis perdidit.

9. *Monterellum*, 10. *Lemouicum*, 11. *Carnutum*, 12. *Arelate*, 9.Mõtereau
Fautyonne.
13. *Antipolis, &* 14. *Aqua-Sextia cum regiis armis propugnatorem re-* 10.Limoges.
nuerent, expugnatorem expertæ ſunt ; quarum vrbium ab vltimâ, ferali 1.Chaitres.
12. Ailes.
globo emiſſo, inieſta in eum cæſi militis oſsa penè viuum confecerunt. 13 Antibes.
14. Aix en
15. *Montmellianum loci naturâ inexpugnabilem, conſilij prudentia & in-* Piouence.
genij ſagacitate expugnat. 15 Mont-
meillan.
16. *Metenſem vrbem à* 17. *Niuernenſis Ducis obſidione iterum atque* 16. Mets.
iterum liberat. 17. Neuers.

Rebellantium 18. *Bearnenſium populares impetus auſtoritate, prudentiâ* 18.Bearnois.
& fortitudine compeſcuit.

Vrbem * *Nayum* * *Saliam* * *Saluaterram* & * *Palum ſalutari profeſtione* * Nay.
ad priſtinum Regis obſequium reduxit. * Salies.
* Sauueter-
Inde iuſtum ſub Iuſto Principe bellum ſuſcipiens , bellicis tormentis & re.
* Et Pau.
militari virtute Angeriacenſe fanum reduſtum in ipſo exciſæ vrbis exitio 19. S. Iean
ciuibus ſalutaris, eos à militari direptione eximit. d'Angeri.
* Lunel.
* *Lunellum* * *Sommierum iterumque rebellans* 20. *Montiſpeſſullani pe-* * Et Som-
tulantia non meliorem fortunam expertæ ſunt dum illorum Dux Soubiſius miere.
20. Mon-
amiſſis bellicis tormentis ingenti clade afficitur. pellier.

In obſidione 21. *Rupellanâ primus auſtor* 22. *Aggeris Marinis* 21.Rochelle
fluſtibus oppoſiti, rebellantis Neptuni domitor, rebellantium Hæreticorum 22. La Di-
rupem vna cum Rupellanis deſtruxit. gue.

Royanum Regiis armis Regi deuotus reddidit.

Magnanimo bellicæ virtutis ardore accenſus trinam 23. *Montalba-* 23.Montau-
norum defeſtionem ternâ camporum vaſtatione coercuit. ban.

Duci 24. *Rohannio eiſdem ſuppetias afferenti armatus opponitur &* 24. Duc de
repellit. Rohan.

25. *Aquitaniam ingenti populorum tumultu inſurgentem vnà cum* 25. Guyenne.
26. *Bergeracio compeſcit.* 26. Bergerac.

Nec minùs fortunâ quàm prole fœlix , filiorum virtute & animo vbi-
que conſpicuus Hiſpanicum faſtum ad 27. *Socoam militari virtuti ſub-* 27.Les forts
didit ; cùm aliunde Illuſtriſſimi Duces de Candale & de la Vallete, regio de Socoa.

H iij

exercitui in Picardiâ Præfecti, 28. *Capellam,* 29. *Cameracum, Maubeugium &* 30. *Landricium paucis diebus conspiciente Cardinali Infante & præsentibus Hispanorum copiis copiosissimè cæsis, ditioni Gallicæ restituunt, dum in Burgundiâ pari militantis simul & vincentis virtutis laude pugnatum est ab illustrissimo Ecclesiæ Romanæ Principe Ludouico Valletano, qui Cæsareo exercitu longè latéque fuso, fugato, & profligato, pristinam Burgundionibus securitatem retulit, vt inde per omnes Gallici regni fines tanti Ducis paterna virtus, filiorum gloriâ & victoriis illustraretur.*

Franciæ decus & gloriam vt procerum procellas solus sustinuit. Regi & Regno addictissimus communem cum Rege & regio statu fortunam passus est.

Prudens consilio, expeditione fortis, nutante regno regiam sobolem constanter sustinuit, statum Francicum viribus firmauit, Lutetiam & Parisienses in obsequio continuit.

Inconcussâ fidelitate insignis, trium Regum amicitiâ & Gratiâ decoratus, regias totidem Franciæ, Aragoniæ, Hungariæ, & Angliæ consanguinitates meritus est.

In tantâ tamen fortunæ amplitudine magna infortunia passus, prosperam aduersamque fortunam æquo animo magnanimús sustinuit.

In ipsâ infælicitate illustris omnes sui sæculi viros virtute, fortunâ, animo, meritis, magnanimitate, officiis, honoribus, muneribus antecedens, honorum & annorum pondere oneratus, Atlante major, publicam molem in ipsâ etiam senectute spontanea cura sustinens, columnam hanc duraturam diutiùs, augusto Foxæorum nomine & præclaris facinoribus perillustrem eorumdem perennitati.

VRBANI MAGISTRATVS.
Acceptorum beneficiorum memores.
EX VOTO.
AEre publico publicis Burgundiæ parentibus.
EREXERE.

HEROICÆ FOXÆORVM,

VIRTVTI ET MILITARI
CANDALEORVM FORTITVDINI.

CONCVRRE ad *festiuitatem Burgundia, si qua tibi tui cura,* & *beneficiorum acceptorum memoria superest.*
Celebris FOXAEORVM CANDALEORVMQVE gloria huc te vocat.
Heroes non solùm armorum fulgore verendos, sed etiam magnanimitatis splendore venerandos suspicies.

Quorum fortitudinem 1. *Drocenses,* 2. *Iarnacenses,* 3. *Moncontorensesque pugna in ipsa ciuilis belli infœlicitate fœlici exitu insignes, regio nomini pristinum decus restituerunt.*

1. Dreux.
2. Iarnac.
3. Moncontour.

Horum vim Martiam secutus Ioannes Ludouicus à Valletta, heroicâ & *antiquâ nobilitate, virtute,* & *animo perillustris, nouo militaris virtutis splendore Auorum gloriam Illustrauit.*

Cuius nascens virtus inuidiam, adulta Regum gratiam, senescens vnà cum honoribus gloriam contulit, quidquid tamen magnitudinis, honoris, & *fortuna acquisiuit nec prece nec pretio datum est.*

Vtque in medio imperio seruiuit æquitati, ita & *eius religio templa seruauit, pietas debita Deo vota reddidit, liberalitas templa ditauit.*

Ciuili bello penè concussum ac penè confectum regnum erexit.

Regibus, Reginis, & *Regiæ soboli fideliter obsequentissimus, procerum procellas solus sustinuit.*

Cuius virtus hæreticis fatalis, nouos tumultus priscâ virtute compescens, rebellantes eorum vrbes fortem, reductæ clementer magnanimum expertæ sunt.

Rebellantem Rupellam, aggeribus, vallis, munitione & *fluctibus tumescentem, armis retudit, compescuit, coërcuit, Populi Burdegalensis motus grauissimos iterum atque iterum sedauit, bellatorúmque impetum pari vir-*

tuté reprimens, tanti herois preſentiâ, rebelles vel Iuſtitiæ vel fortunæ diffi-
dentes, fugacem ſecuritatem periclitanti belli exitui prætulerunt.

Virtutis illius fama ſummâ cum auɛ̃toritate ſummam poteſtatis gratiam
contulit ; ita vt Henrico tertio Franciæ Regi cariſſimus, familiari colloquio
& litteris grato filij nomine appellaretur.

Regum trium amicitiis, totidemque conſanguinitatibus illuſtris ; Foxeos ,
Valletanos , & Candalæos illuſtriores reddidit.

Vt proximorum querelas conſtanter ſuſtinuit, ita & inimicorum pote-
ſtatem amicorum numero ſuperauit, poteſtate, arcibus, amicis & fortunis
præpotens.

Proſperam aduerſàmque fortunam expertus diu proſperè, ſed nunquàm
malè vſus eſt.

In hoc illuſtri heroë Nobilitas, conſtantia, & virtus acerbè aliquando
& inclementer exceptæ, eo æquiùs iniurias pertulit quo iniquius fuerunt
illatæ.

Mentis ſagacitatem in ſenili, ſed ſano corpore conſeruauit.

Populis fame laborantibus, parens patriæ alimenta miniſtrauit.

Tandem pacatâ Guiennâ, repreſſâ armati imperij poteſtate, oppreſſâ
rebellionis petulantiâ, iunumeris præliis, innumeris conſpicuus præclaris fa-
cinoribus, innumeris clarus victoriis, pugnarum, gentium, Ducum, ipſius
etiam inuidiæ & fortunæ victor, præteritorum fœlicitate fauſta futuris
omina relinquèns, indefeſsæ virtutis gloriam immortali ſuâ ſuorúmque fa-
mâ coronauit.

Excelſo virtute, nobilitate, & fortitudine illuſtriſſimo Heroi huius molis
altitudinem.

DEVOTA DIVIO AERE PVBLICO.

LÆTA EREXIT.

LVBENS MERITO.

FAVETE .

FAVETE
DIVIONENSES
VENITE, VIDETE, VIVITE,
ET PLAVDITE.

REDIT *victor*, *redit domitor*, *redit triumphator* BERNARDVS FOXÆVS D'ESPERNON, DE CANDALE, *è Magno Duce Princeps maximus, propriâ & auorum virtute perilluſtris , qui domitâ ad Rupellam hæreſi, ſuperatis in vrbe Royanâ flammeis & militaribus cuniculis , fugata ad ſanctum Ioannem de Lux Hiſpaniâ , ſeruatis ad Bayonam Vrbibus , reductis ad Soccoam propugnaculis, pacatis ad Burdigalam ſeditionibus , proſtratis ad Liburnum & Suſam hoſtibus, tribus militum mill.bus ad paludem de Blancfort confectis , vbi tantium auibus iter, hîc viam militibus patefecit , laureatuſque laureatum ex palude & arundinibus reduxit exercitum, qui mandatæ Prouinciæ cariſſimus , Diuionenſi arce, Pagnyenſique propugnaculo armorum ferocia reductis , quos hoſtili impetu vicit, clementiæ dulcedine vel ſeruauit , vel ſaluauit.*

Surrum Maieſtatis ream vltor oppugnauit , expugnauit victor, cuius poteſtas ſuis benigna ,rebellantem poteſtatem impotentem reddidit. Cuius excelſa pietas religioſos ab Anglicano furore ad flammas raptos , emiſſo ſalutari gladio ereptos, religioni & refrigerio reddidit. Cuius prudentia Burgundiam ab armatis publicarum harpiarum furoribus piâ & ſalutari curâ liberauit.

Continuis denique & illuſtribus in ſuâ Prouinciâ officiis de Rege & regno optimè meritus, omnibus ciuium votis, omnibus Burgundionum deſideriis elatus columnam hanc, excelſæ fortitudinis altum ſpecimen.

SVÆ CELSITVDINI.
DIVIO EREXIT.
LVBENS MERITO.

I

LE quatriefme Arc dreffé dans la largeur de la Place de la Saincte Chapelle exprimoit en fa difpofition & en fes figures le triomphe preparé par les Magiftrats à l'honneur, & à la vertu de fon Alteffe qui eftoient reprefentées dans ce Portique, ou tout au deffus à l'endroit le plus éminent on voyoit . . . . .

A. l'image de fa Majefté Louis xiiii. auquel apres Dieu fon Alteffe rapporte le fruict de toutes fes victoires . . . .

B. La Iuftice tenant vne Balance à la main . . . . .

C. La Clemence portant auffi la branche, d'oliue elle eft reprefentée embraffant la Iuftice pour mouftrer la douceur dont fa Majefté a vzé a l'endroit des rebelles, aufquels par l'entremife de fon Alteffe, elle a volontairement octroyé vn pardon au lieu de leur faire fouffrir la punition de leurs crimes . . . . .

Au bas de ces figures dans vne frife en grifaille imitant la baffe taille ou demy relief marquée de part & d'autre de la lettre D. fon Alteffe eftoit affife dans vn chariot triomphal à la partie pofterieure, duquel vne victoire en pied luy mettoit vne Couronne de Laurier fur la tefte, il eftoit enuironné de defpouilles, & de Captifs qui eftoient conduits par les Soldats, le chariot eftoit fuiuy du refte de fon armée qui fembloit auffi couronner la gloire de fon triomphe . . . . .

De cofté & d'autre du retour de ce Portique, huict niches en perfpective contenoient autant de figures qui exprimoient les bonnes & vertueufes qualitez, dont fon Alteffe auoit vzé pendant cette guerre pour la reduction des fujets rebelles, & premierement celle marquée de la lettre . . . .

E. C'eftoit vn Hercule lequel reprefentoit le trauail comme la veritable Image des Exercices laborieux de fon Alteffe a former les fieges cy deffus mentionnez . . . .

F. Vne Nymphe aiflée, & portant vne Flefche reprefentoit la promptitude, & la diligence de fon Alteffe aux expeditions militaires . . . . .

G. La foy portant dedans vn miroir deux mains jointes enfemblement, elles eftoient exprimées de la forte comme l'Image de la Fidelité, & de la certitude de la parole de fon Alteffe qu'il garde inuiolablement mefme à fes Ennemis . . . .

H. L'Equité portant les faifceaux de verges, & des hafches confulaires à la façon des Romains, c'eft elle auffi qui accompagne toufiours les actions de fon Alteffe . . . . .

I. La Prudence tenant vne Colombe a la main droite, la gauche eftant enuironnée d'vn ferpent. Elle a fourny les moyens a fon Alteffe pour venir a bout des deffeins, & des entreprifes les plus difficiles . . . .

K. La Magnanimité foubs la figure d'vne Amazone tenant vn jauelot à la droitte, & foubs fes pieds vn Lyon, celle de fon Alteffe a terraffé & mis foubs fes pieds la ferocité de ces Lyons qui menaçoient l'Eftat d'vn bouleuerfement general . . . . .

L. Le Confeil foubs la figure d'vn viellard orné d'vne chaifne qui enuironnoit fa robe, ou pendoit vn cœur d'or appellé des anciens Bulla, & portant à la gauche vn roulleau, ou volume de papier, les Confeils de fon Alteffe n'ayans pas moins fait pour l'Eftat que la pointe de fes armes, l'on auoit donné lieu a cette figure pour en exprimer la dignité . . . . .

M. Les armes dont auoit vfé fon Alteffe pour ranger les mutins & pacifier les troubles qui s'eftoient formez dans la Bourgongne, elles eftoient reprefentées fous la figure d'vn Soldat Romain armé à l'antique tenant vn jauelot à la main droitte, & la gauche fur fon efpée . . . . .

N. Le fimulacre de l'honneur deu a fon Alteffe . . . . .

O. Celuy de la vertu qui a efleué fon Alteffe au fupreme degré d'honneur dont il jouit à prefent . . . . .

P. Le pourtrait de Monfeigneur l'Illuftriffime Cardinal de la Valette aux armes duquel la ville de Dijon doit fa conferuation, ayant au paffage du General Gallas en Bourgongne deffait entierement l'Armée Imperiale, laquelle en nombre de quatre vingts mil combattans menaçoit la ville de Dijon d'vne defolation generale . . . .

Q. Le Pourtrait de Gafton de Foix auec quelques infcriptions enonciatiues des feruices qu'il auoit rendu a l'Eftat François.

ET DEDIE' AV TRIOMPHE DES VERTVS HEROIQVE DE SON ALTESSE

DESCRIPTION
DV QVATRIESME ARC,
Representant le Triomphe des vertus
& de la Personne de Monseigneur
le Duc d'Espernon.

E Soleil n'est iamais plus esclatant que quand il sort de l'obscurité d'vn nuage. Ce qui sembloit s'opposer à sa beauté , releue son lustre pour redorer ses rayons d'vn nouuel esclat de lumiere. Il en est tout de mesme de la vertu. Elle est comme la rose, laquelle ne se cueille que parmy les espines : les difficultés redoublent sa splendeur & son prix ; & s'il n'eust esté des monstres, la generosité d'Hercule eust esté estouffée dans sa naissance , auparauant mesme que son berceau eust esté illustre , par la deffaite des serpens. Ainsi personne ne doute que l'opposition & la contrarieté ne forme le plus beau lustre de la vertu. C'est ce qui fait que i'ose asseurer que SON ALTESSE apres son courage & le zele qui porte toutes ses actions au seruice du Roy & de son Estat, doit la gloire qui couronne aujourd'huy tous ses exploits Militaires, aux resistances de ces mutins qui ont seruy de matiere à sa Clemence , d'exercice à sa valeur , & de sujet à ses emplois genereux; qui ont tiré de l'opiniastreté de ces esprits reuoltes la plus belle matiere du triomphe qui se prepare aujourd'huy pour sa reception ; laquelle comme elle est iuste, elle est solemnelle; comme elle est fortunée au public, aussi forme t'elle les iustes impatiences de nos Citoyens qui le desirent ardamment , qui le souhaittent amoureusement, & qui le considerans comme iadis les anciens leurs Dieux Auerrunques, ou chasse-mal'heurs, luy rendent maintenant les deuoirs d'vne

I ij

recognoiſſance publique, par les ſoings, par la diligence, & par les ſoubmiſſions de Magiſtrats.

Et comme la grandeur de tant de belles & genereuſes actions ne pouuoit pas eſtre renfermée ſous des architectures vulgaires, & que la Prouince de Bourgongne qu'il auoit deliurée par la force de ſes armes, des coûrſes & des inuaſions des Ennemis rebelles, luy auoit offert ſon ſein pour y cultiuer tout d'vn temps les lauriers de ſes victoires, & les oliues de la paix dont elle joüit encores à preſent par ſes aſſiſtances ; il ne falloit vn moindre theatre que la place la plus conſiderable de la Ville capitale de cette meſme Prouince, pour mettre au iour les glorieux aduantages qu'elle auoit de ſon courage & de ſon heureux gouuernement.

Au plus beau quartier de la Ville de Dijon, à l'endroit où ſe termine la grande ruë de Sainct Eſtienne, la place de la Saincte Chapelle s'eſlargit en forme triangulaire ; laquelle outre la grandeur qui la rend ſpacieuſe ; ſe treuue aſſez conſiderable par la diuerſité de pluſieurs beaux baſtimens, par la proximité d'vne tres ancienne Abbaye ; mais encores plus par le voiſinage de la Chapelle Royalle, où eſt en depoſt cette Saincte Sacrée & Miraculeuſe Hoſtie, dont le Pape Eugene I V. voulut honorer la pieté de Philippe le Bon, penultieſme Duc de Bourgongne ; où les marques ſanglantes de la cruauté d'vn infidelle font encore à preſent tomber ſous les ſens les aſſeurances certaines que la ſacrée humanité de l'Anneau ſans macule eſt reellement enfermée ſous ſes eſpeces.

La largeur de cette place, qui ſe rend aſſez conſiderable par ſon eſtendüe, à peine peut elle ſuffire pour placer les architectures de ce dernier portique, lequel fourniſſoit à ſon abord vne merueilleuſe façade d'vn ordre Ionique, reueſtue de ſes ornemens, architraues, friſes, & corniches, le tout ſuiuant les regles de l'Art. Quatre thermes d'vne grandeur colloſſalle, & qui imitoient en leur coloris, la ſerpentine & le porphire, placés proche des angles de cette Architecture, s'eſleuans auſſi ſur quatre Baſes haultes de cinq pieds, ſembloient ſoulager le poix que deux grandes arcades ſouſtenoient de part & d'autre de cet edifice ; & d'ailleurs elles paroiſſoient auſſi couronner deux ſtatues qui eſtoient erigées ſous leur ceintre, dont l'vne repreſentoit M O N S E I G N E V R Louis de Foix Cardinal de la Vallette, Et l'aurre l'image de ce genereux guerrier Gaſton de Foix Nepueu de Louis X I I. la terreur des Eſpagnols, le fleau des Italiens, & l'vn des

principaux appuys de la Couronne Françoise, pour monftrer par cette
reprefentation, que la vertu, la nobleffe, & le courage ont fait double
tronc, & font hereditaires dans cette illuftre famille; & pour renouuel-
ler aux Dijonnois la memoire des obligations qu'ils luy ont de leur
falut commun & conferuation generale, auparauant mefmes que
Sa Majefté euft confié A SON ALTESSE les foings du Gouuernement de cette Prouince : ainfi qu'il fe reconnoiffoit par les Infcriptions qui fe rapporteront cy apres.

L'admortiffement de cette Architecture fe terminoit fur deux
frontons fort fpecieux par l'eleuation de deux fimulachres, reprefen-
tans d'vn cofté la vertu, & de l'autre l'honneur, qui toutes deux eftoient
reueftuës à l'antique, & de la mefme façon qu'elles fe voyent reprefentées dans les Medailles des Empereurs Romains. Ainfi fe
voyent-elles entre autres dans celles de l'Empereur Domitian.

Sur les angles quatre pyramides erigeés de cofté & d'autre de ces
ftatuës; s'efloignans infenfiblement de la veuë fouftenoient fur leur
fommité quatre phares ou clartez, dont la chaleur & la lumiere
fembloient feconder les chaleurs affectueufes de nos Citoyens, qui
tous efclatans de la lueur des Moufquetades dont on faifoit mille
defcharges, faifans fortir de leurs bouches mille acclamations, tefmoignoient les veritables tranfports d'vne ioye extraordinaire.

Les retours de cette Architecture s'accommodans par vn rapport
fort aduantageux fur les lignes de la grande ruë de Sainct Eftienne,
faifoient que l'Art donnoit vn contentement merueilleux à la veuë,
qui fe trouuoit entierement fatisfaicte par quelques traits qui conti-
nuoient cet edifice en forme d'vne perfpectiue, eftoffée & reueftuë
(outre les ornemens de l'Architecture) de quantité de niches qui
s'enfonçoient de part & d'autre pour y receuoir des figures de ronde boffe, dont l'artifice & la grandeur imitoit le naturel. Elles
fe faifoient connoiftre tant par les habillemens à l'antique & autres
fignes exterieurs dont elles eftoient ornées, que par les Infcriptions
& Poëfies qui eftoient au deffus & au bas defdites figures pour exprimer les vertus heroïques DE SON ALTESSE ; Mais ce qui
paroiffoit le plus à la veuë, eftoit la belle difpofition du Portique du
milieu, qui maiftrifoit tout l'ouurage, tant par fon efleuation que
par fon ornement, par fes Infcriptions, & par fes figures. Tout au
deffus de ce frontifpice qui feruoit de liaifon aux deux retours de
l'Architecture principale, la veuë defcouuroit trois figures fort confiderables; l'image du Roy habillée à la Royale, portant le Sceptre

& la main de Iustice, le tout releué en ronde bosse , & excedant la grandeur naturelle , aux pieds de laquelle la Iustice & la Clemence , qui ne le quittent iamais , & qui sembloient attendre ses Ordres, rendoient cet appareil plus auguste.

Au bas du grand fronton reuestu de quantité de trophées, vne frise de platte peinture façonnée en grisaille imitoit naïfuement les demies bosses des ouurages antiques, elle s'estendoit en longueur fort conuenable, & s'esleuoit pareillement en vne hauteur suffisamment proportionnée à son estenduë, pour rapporter en sa peinture l'image du triomphe qui estoit deu aux expeditions Militaires de nostre Conquerant ; qui paroissoit dans vn chariot triomphal, couronné de Lauriers par les mains de la Victoire. Les trompettes, les Soldats, & les Captifs qui precedoient, & qui estoient à la suitte du Chariot triomphal, exprimoient en quelque façon la solemnité de son Entrée victorieuse dans la Ville de Seurre. Icy la peinture estoit tellement animée que l'on y voyoit paroistre la joye des vainqueurs, aussi bien que la confusions des vaincus : & l'Inscription qui estoit au bas, dediée à Sa Majesté, estoit vne image des souhaits & des vœux publics que la Ville faisoit, pour la prosperité de sa personne, pour le salut de son Estat, & pour la gloire de ses armes victorieuses sous l'heureuse conduitte de MONSEIGNEVR le Duc d'Espernon. Les dernieres paroles d'icelles faisoient connoistre que toute cette Architecture estoit vn effet des soins respectueux des Magistrats qui l'auoient ainsi fait eriger en ce lieu par vn iuste deuoit d'vne reconnoissance publique. En vn mot les vers composés au mesme sens que les inscriptions, terminoient tout cet appareil par des souhaits de felicité & de bonheur pour le Gouuernement DE SON ALTESSE. Voila quel estoit l'ordre de ce dernier Arc, dont nous allons presentement voir l'Explication.

EXPLICATION
DV QVATRIESME,
ET DERNIER
PORTIQVE.

A vertu eſt vne qualité Diuine qui met l'ame à l'eſpreu-
ue des traits de l'enuie, & des inconſtantes reuolutions
de la fortune. C'eſt elle qui la conſtitue dans cette belle
& rauiſſante eſgalité, qui fait la regle des meurs & l'ame
du Gouuernement. Comme elle eſt ſans pris, auſſi ne peut-elle receuoir de recompenſe ſortable (comme dit Seneſque) que celle de
l'immortalité. C'eſt ce qui a fait que Rome, cette Princeſſe de l'V-
niuers, cette Maiſtreſſe ſouueraine de toutes les Nations, qui de ſes
ſeruiteurs faiſoit des Roys, & des Roys faiſoit ſes Eſclaues, qui diſpoſoit des Royaumes, & tenoit tout l'Vniuers aſſujetty ſous les Loix
de ſa domination, s'eſt trouuée neceſſiteuſe au milieu de ſon abondance ; & cette grande fortune qui faiſoit toutes les autres, a eſté
tellement infortunée, qu'elle n'a pû fournir des reconnoiſſances ſor-
tables à la vertu de ſes grands Capitaines de qui elle tenoit l'Empire
des Mers, les richeſſes des Prouinces entieres, & la conqueſte de tout
le monde. Ainſi elle demeuroit inſoluable au milieu de ſes richeſſes, & au milieu de ſon pouuoir, elle demeuroit impuiſſante à recom-
penſer ſes Conquerants, qui ne tiroient autre fruit de leurs trauaux
que des feüilles de chaiſne, des rameaux de palmes, & quelque couronne de Laurier.

Ces choſes ſubjettes à deſſeicher eſtoient de bien petite conſequen-
ce, & de peu de durée pour des actions incomparables, leſquelles
eſtans des ſemences de l'immortalité, meritoient vne perpetuelle recompenſe d'honneur, & la moiſſon d'vne gloire eternelle pour en-

[marge:] Couronne
Ciuique.
Couronne
Triompha-
le.

tretenir cette Saincte ardeur de ces ames genereuses au desir des actions heroïques.

C'est la raison pour laquelle la Republique Romaine ne pouuant conferer des recompenses vtiles & proportionnées au merite de ceux qui auoient agrandi ses Estats, & releué sa puissance au supreme degré de Souueraineté, elle voulut du moins deferer à ces grands hommes des marques d'honneur qui les rendissent considerables pendant leurs vies, & portassent leurs noms aux siecles à venir, l'on emprunta pour ce sujet la solidité des pierres, des marbres, & des metaux pour immortaliser la memoire de ces Illustres mortels. L'on fit parler les marbres en leur faueur par les inscriptions : Le bronze se chargea de leurs Exploicts & quitta sa dureté pour faire reuiure sur l'airain les traits & les lineamens de leurs visages ; qui furent esleuès aux lieux les plus eminents des places publiques. Et non contente de ces choses, encores voulut elle par vne pompe extraordinaire, sortable à ces belles actions, faire voir au peuple Romain qu'ils n'estoient pas de la condition cómune des autres hommes, & que (comme disoit Diogene) les personnes, vertueuses estans les simulachres de Dieu en terre, qui respandent par tout, leurs bien-faits, & ne nuisent à personne, ils meritoient vn vn honneur qui comprist en soy tous les autres honneurs, toute la gloire, toutes les richesses de l'Vniuers, & qui deuoit estre comme le supréme degré de la felicité temporelle ou pouuoit aspirer vn homme mortel.

De la vint l'institution du triomphe, qui fut le prix d'honneur & la iuste recompense de la vertu heureusement fortunée des plus excellents Chefs de guerre, qui par les actions Militaires auoient bien merité du public, ou par la conqueste des Nations, ou par la deffaite des Ennemis, ou par la reduction des rebelles, ou par le gain d'vne ou plusieurs batailles, ou mesmes en consideration de quelque victoire signalée.

L'histoire à ce sujet nous en remet tous les iours les particularités deuant les yeux. L'on y voit encores à present la pompe triomphale de Camille, ou sa personne dans vn chariot tiré de quatre cheuaux blancs fut veuë du peuple la teste enuironnée d'vne couronne d'or. Les Captifs enchaisnez suiuans tristement la gloire de cette rejouyssance publique mesloient vne certaine reuerence parmy les rauissemens de ce peuple victorieux.

Celle de Duillius apres la deffaite de l'armée Nauale des Carthaginois

ginois ne fut pas terminée en vn iour, mais par ordonnance publique
l'on vit reluire le reſte de ſa vie, la clarté des flambeaux qui eſtoient
portez deuant ſa perſonne apres ſon repas; & le ſon des flutes renouuelloit tous les iours aux oreilles des Romains, les decrets de cette
publique réjouïſſance, dont les commencemens furent dans la moderation, mais les ſuites paſſerent iuſqu'à l'exces; car elle deuindrent
pompeuſes, ſuperbes, & d'vne deſpence ineſtimable.

Teſmoin le triomphe de Paul Emille ayant ſubjugué la Macedoine,
dont la ſomptuoſité merueilleuſe ſeruit durant trois jours entiers de
ſpectacle au peuple Romain. Le premier jour fit voir les Images &
les tableaux: le ſecond fut en partie heriſſé des armes & des enſeignes
conquiſes, & eſclatant par l'oſtentation des threſors de la Macedoine: & le troiſiéme mit au conſpect du peuple les priſonniers parmy
leſquels le Roy Perſeus encore tout eſperdu de frayeur, faiſoit cognoiſtre au peuple Romain que la grandeur de ces diſgraces auoit abbatu ſon eſprit, renuerſé ſa fortune & ſon Eſtat, & fait deſchoir ſa perſonne du throſne de la gloire & de la puiſſance, dans les abbaiſſemens
honteux d'vne ignominieuſe captiuité.

Celuy de Fabius ſe rendit conſiderable par la perſonne du Roy
des Allobroges, qui reueſtu de ſes armes peintes de diuerſes couleurs, & traiſné ſur vn chariot d'argent au meſme équipage qu'il auoit
accouſtumé d'eſtre en combattant, ſeruit d'ornement à l'appareil de
cette pompe.

Iules Ceſar encheriſſant ſur ces genereux, vengea les premieres entrepriſes des Gaulois, qui non contents d'auoir trauerſé toute l'Italie,
ſaccagé la Ville de Rome, pouſſés encores d'vne hardieſſe ou pluſtôt
d'vne ardente temerité, & portans leurs armes victorieuſes iuſques
aux murs du Capitole, penſerent aſſeruir dans la naiſſance cette mai-
treſſe de l'Vniuers. Il fut le premier qui porta dans Rome la gloire de
leur deffaite, & le profit de leurs deſpoüilles. L'Egypte conquiſe re-
doubla ſes honneurs, & ſeruit de matiere à ſes autres victores;
où ce grand Heros fit voir parmy les lauriers de ſon ſecond
triomphe les images du Nil, de la Ville d'Arcinoë, & le phare
peint en forme d'vn grand feu qui portoit vers le Ciel les viuacités de
ſes flammes. Pharnacez honora de ſa perſonne captiue la pompe de
ſon quatrieſme triomphe, où les threſors du Pont apres auoir raſſaſié
les yeux du peuple, augmenterent d'vn notable reuenu le fond & les
threſors de la Republique Romaine. La montre de ſon cinquieſme
triomphe faiſoit voir les Mores & l'Eſpagne deux fois ſubjuguée.

K

Antoine triompha du Roy d'Armenie. Le triomphe d'Augufte dura trois iours; où l'image de Cleopatre eftenduë fur vn lit, monftroit la nudité de fon bras, expofée au venin du ferpent qui luy donna cette mort genereufe, qui la faict encore viure dans les hiftoires, & affranchit fa perfonne, & fa liberté captiue que le defir de gloire deftinoit pour augmenter la folemnité de ce triomphe.

Vefpafien triompha pareillement de la Iudée, & de toute la puiffance des Iuifs, où les vaiffeaux facrés du temple de Hierufalem fouffrirent des prophanations extremes; la table d'or, & le chandelier à fept branches prefterent leur luftre à cette pompe: & mefme la Loy des Iuifs par vn jufte chaftiment de la diuinité, fut contrainete de ceder a la force des Romains, & de paroiftre parmy les defpoüilles de ces conquerants.

Ie ne feray point mention des triomphes de Trajan d'Alexandre, d'Aurelian; ou les chaifnes fouftenuës par des eftafiers tenoient en captiuité vne Reyne toute couuerte de diamans: en telle forte que Zenobia cette illuftre captiue, gemiffoit fous le poids de l'or & le luftre des pierreries.

Ie laiffe à part les triomphes de Probus, & de Conftantin, pour auoir fubjugué Maxence: pareillement celuy de Theodofe, & d'Honorius qui fit marcher Attalus deuant fon chariot triomphal. Ie paffe fous filence celuy de Iuftinien le ieune, où Abfimare, & Leonce vfurpateurs de l'Empire furent conduits au Cirque; où au mefme temps que Iuftinian leur mit le pied fur la gorge, le peuple parmy les acclamations publiques chanta hautement ce verfet, *fuper afpidem & bafilifcum ambulabis, & conculcabis leonem & draconem.*

Ie laiffe auffi celuy de l'Empereur Gallien, de Maximus, de Puppienus, & de tant d'autres; pour inferer delà que ces marques d'honneur que le Senat & le peuple Romain conferoient autresfois à ces hommes genereux, eftoient vne illuftre reconnoiffance de la vertu qui honore continuellement fes fauoris, & fait que leur nom & leur memoire eft en perpetuelle veneration à la pofterité.

Depuis que les Anciens eurent trouué ce fecret de gaigner les cœurs par les attraits de l'honneur, l'on vit les courages bien plus refolus dans les armées, la fidelité plus entiere dans les charges, les nouuelles inuentions dans les artz, & les republiques fe trouuerent aduantagées de tout ce qui leur manquoit auparauant.

Et ne faut point doubter que l'on n'affoupiffe cette genereufe ferueur aux actions heroïques, si l'on vient à retrancher l'honneur des recompenses. Les exercices de la course ou des luitteurs sont du tout inutiles, si vous en retirés les couronnes, les rameaux d'oliues, & les autres marques honorables destinées aux vainqueurs : & si vous bannissez les statuës, les colomnes, & les monumens des places publicques, vous rendés la vertu estrangere, vous la rendés mesconnoissable, & esteignés cette sainte ardeur qui releue la bassesse des courages pour les porter aux emplois genereux. Espargner les Lauriers & les couronnes, c'est estouffer les semences de la gloire, c'est lier les bras à la vertu, laquelle bien qu'elle repugne aux vanités d'vne fastueuse ostentation, si est-ce qu'elle fuit l'obscurité, qu'elle veut estre conneuë, & porte à regret que ces lumieres soient cachées : elle ne repugne point aux approbations publiques, au los des inscriptions, n'y aux marques passageres ou permanentes qui peuuent tomber sous les sens pour honorer sa memoire: la gloire luy tient lieu d'aliment: elle s'accroist par les loüanges comme les fleurs par l'arrousoir, & fait cognoistre qu'elle sçait preferer l'honorable à l'vtile.

Si iamais les anciens ont pris de tels sentimens pour les illustres de leurs siecles, si iamais la vertu a esté reconneuë de tant de façons, si iamais elle a esté si solemnellement receuë, & couronnée, que deuons nous A SON ALTESSE, qui a rendu à nostre Prouince ce que les Consuls, ce que les Cesars, & les autres Empereurs ont rendu à la Republique Romaine. C'est l'occasion pour laquelle les Magistrats ayans destiné ce quatrieme portique au triomphe de S. A. (qui regarde toûjours Sa Majesté comme vn Soleil leuant pour luy rapporter la gloire de toutes ses actions) ; voulans aussi exprimer ses intentions, esleuerent en ronde bosse au dessus de toute l'architecture l'image de Sa Majesté. Cette figure habillée à la royale, la couronne en teste, le Sceptre à la droicte, la main de Iustice à la gauche, paroissoit d'vn merueilleux artifice, & d'vne Majesté toûjours venerable ; qui se rendoit encore plus Auguste par la richesse des habillemens, où l'or des fleurs de lys se mesloit fort gracieusemeut parmy la soye azurée de la robbe royale, & la blancheur de l'hermine faisoit naistre vne diuersité qui contentoit extremement la veuë. Et comme par tout où estoient autrefois posées les statuës du Dieu Apollon, les anciens ont estimé que l'honneur & la reuerence y abordoient, Messieurs de la Ville par vne conformité de pensée ont voulu rendre cette pompe plus honorable, plus solemnelle, & plus auguste par la representation de Sa

K ij

Majesté, à qui noftre Conquerant rapporte la gloire de toutes fes
actions ; laquelle eftant yffuë de la tige Royale d'Henry le Grand,
& de Louys le Iufte, fait connoiftre à tous les François, que fi fa
naiffance la rendu fucceffeur de leurs Eftats, fa generofité la rendu
pareillement fucceffeur de leur courage & de leurs vertus : fi que
poffedant auantageufement la grandeur & la clemence de fon ayeul
il tient auffi comme par vn droit hereditaire la clemence & la Iuftice
de Louys XIII. d'heureufe memoire. C'eft à ce fujet que l'vne &
l'autre de fes vertus font pareillement reprefentées à fes pieds, lefquelles par vn enlacement mutuel de leurs bras, tefmoignent qu'apres
la pieté tout fon Eftat ne roule que fur ces deux vertus fondamenta-
les, fa puiffance ne fe diftribuë que par les mains de la Iuftice qui le
fait refpecter de fes fujets, pendant que fa clemence gaigne les volontés mefmes de fes Ennemis, & tire des refpects & des larmes
des cœurs que la rebellion auoit endurcis. Si bien que quelque feuerité que la Iuftice deuft exercer fur ces rebelles, il les a fauorifé de
fes graces & leur a liberalement octroyé le pardon, dont ils s'eftoient
rendus indignes.

Sa clemence l'ayant fait imiter le Roy des abeilles qui n'a point
d'aiguillon, il a temperé la feuerité de la Iuftice par la douceur de
cette vertu, & n'a pas voulu perdre vne feconde fois ceux qui s'e-
ftoient déja perdus par la defection.

Ce fut jadis vne fable, de dire que dans le parc de la Deeffe
Diane d'Ætholie, les loups deuenoient cerfs, & les beftes fauuages
des agneaux; Mais c'eft vne verité toute conftante que depuis que
ces rebelles, qui comme des loups rauiffans fourrageoient noftre
Campagne, defoloient nos maifons, enleuoient nos Citoyens, ont
fenty la main genereufe & les armes victorieufes de S. A. & qu'il
les a remis en leur deuoir, ces loups rauiffants & acharnez font de-
uenus des brebis, leur ferocité s'eft changée en douceur, leur fureur
& leur faft en foûmiffions : qui les rangent maintenant à l'obeïffance deuë au Souuerain, & à la reconnoiffance de ceux qui portent
fes commandemens en cette Prouince. C'eft pourquoy on les voyoit reprefentés dans la frife de cette architecture, fuiuans le chariot
triomphal de noftre Conquerant, qui paroiffoit à la façon de ces
illuftres Romains, enuironné de Soldats, couronné de Lauriers, &
& fuivy de la victoire : dont l'art de la peinture auoit voulu réjoüir
nos Citoyens, en attendant que leurs defirs fuffent pleinement fatis-
faits par la veuë de leur Original dont la prefence animée des graces

naturelles deuoit releuer ses esperances, rauiuer les ioyes, & renou-
ueller les acclamations publiques.

Mais quoy ? le pinceau pourroit-il reüssir à la representation de
tant de perfections , & d'auantages naturels & acquis qui se treuuent auec eminence en SON ALTESSE ? Comme quoy pourroit-il par le rehaussement de ses couleurs, & l'enfondrement de ses
ombrages , dignement exprimer la douceur des lineamens de sa
personne, releuer le merite de ses actions, & mettre au iour tous les
mouuements qui portent son Esprit à des soings continuels qui nous
regardent particulierement ? Comme quoy representer les nuicts
qu'il a persée, les peines qu'il a souffertes, pour procurer nostre repos & asseurer nostre bon-heur ; Sans doute cet art se trouueroit
defectueux en ses traits, il se trouueroit admorty dans ses couleurs
& sterile en la representation de tant de merueilles ; où les Villes
conquises les Chasteaux rendus, la Prouince pacifiée , & reduitte
sous l'obeïssance du Souuerain , en ont releué l'esclat & rehaussé la
matiere.

Quelqu'vn representoit autresfois Cesar comme vn objet ra-
courcy des vertus d'vn Prince parfait à ceux qui aspiroient au Gouuernement de la Republique, auec cet Eloge , *Omnium domos illius*
vigilia custodit, omnium otium illius labor , omnium delicias illius indu-
stria, omnium vacationem illius negotium. Ex quo Cæsar se orbi terrarum
dedicauit se sibi eripuit.

Ce que cet ancien disoit de Cesar, nous le pouuons iustement
appliquer A SON ALTESSE, dont les soins continuels s'emplo-
yent incessamment à nostre conseruation : nostre repos est fait de
ses veilles , son trauail nous met en seureté, ses emplois sont pour
nos affaires : l'affabilité qui luy est naturelle fait qu'il nous consi-
re comme si nous estions ses Enfans, qu'il nous tesmoigne son
amour par des tendresses paternelles : Ses paroles ne me peuuent
eschapper , puisque ce sont les dernieres qu'il nous tint à son depart,
& qui sont demeurées viuement empreintes dans le resouuenir &
dans les cœurs de tous nos Ciroyens, qu'il nous offroit son pouuoir,
sa personne, & son secours, pour nous garentir de toute violence
& mesme de toute oppression. C'est ce qui fait qu'apres Dieu nous
sommes obligés de rendre à Sa Majesté des graces immortelles ; de
ce qu'apres auoir dompté ses Ennemis, mis le calme dans ses Estats
& rendu ses Villes florissantes par l'obseruance des Loix de sa Iustice & la saincteté de ses ordonnances ; sa vigilance qui comme cet

œil ouuert qui estoit iadis sur la cime du Sceptre du Roy d'Ægypte, regardant toûjours de tous costés , a daigné encore fauoriser ces peuples d'excellents personnages ausquels il a voulu confier les soins & le Gouuernement de ses Prouinces.

La Bourgongne luy est entierement redeuable de son bon-heur, par le choix iudicieux & royal qu'elle a voulu faire de la personne de Monseigneur le DVC D'ESPERNON , le premier rejetton de ces illustres fauoris qui ont gaigné le cœur de tant de Roys & se font rendus dignes par leurs vertus, & par leurs seruices de posseder leurs affections. Prince , que le courage a mis à la teste de toute l'infanterie françoise pour exercer auec honneur la charge de Colomnel General , Prince que le Ciel & la nature ont de tout temps destiné pour nostre felicité, qui tire son illustre extraction du sang consacré au seruice de nos Roys ; qui est grand de courage comme issu de la Maison de Foix , grand de reputation dans ses Exploicts militaires : Prince incomparable , que les disgraces n'ont iamais esbranlé, que la prosperité n'a iamais emporté au de la des termes de la moderation : Prince d'vn clair iugement, d'vne magnanimité sans esgale, amy des peuples & des loix dont la conduitte a sceu adoucir les miseres publiques ou le desordre des guerres ciuiles nous auoient insensiblement plonges ; dont la sagesse a gaigné nos cœurs, la prudence a reglé nos mœurs pendant que sa Iustice nous maintient encore à present dans nos droicts, dans nos libertes, & dans nos priuileges. Comme il est né pour commander, il n'ignore rien de cette politique qui s'applique à la conduitte des nations, aux reglemens des Prouinces , & au gouuernement des peuples ; dont il nous a fait sauourer la douceur, apportant des remedes souuerains & salutaires aux maladies intestines de cette Prouince , dont il a prudemment calmé les orages, & esteint les partialités.

Que si iadis parmy les payens il se treuua vn Iupiter Pacateur, nous pouuons asseurer qu'en nos iours nous auons trouué en la personne de S. A. vn Gouuerneur pacifique, vn Prince debonnaire, vn Ange de paix qui fait que nostre peuple luy donne incessamment mille benedictions. Cela se voyoit par l'inscription faicte au nom du public, & dediée à S. M. Elle estoit escripte en grosse lettre au milieu d'vne couronne de laurier en ces mots.

LVDOVICO XIV.
Galliarum Imperatori.

*LVDOVICI iuſti filio Auguſtiſſimo, Orbi & vrbi bono, quòd pa-
ternæ bonitatis exemplo, iuſtitiæ ſeueritatem clementiæ dulcedine tempera-
uerit, quòd felicibus ſemperque victricibus armis inuictiſſimi Principis
BERNARDI DE FOIX, D'ESPERNON, DE CANDALE,
Regiâ curâ, fluctuanti Galliæ opportunè ſubuenerit, quòd quietem ciuibus
pacem Prouintiæ, ſalutem imperio reddiderit.*

*VRBANI MAGISTRATVS, PVBLICI
beneficij memores, Numini Majeſtatique eius dant conſecrant.*

Au bas de cette inſcription vne table d'attente, qui eſtoit au milieu de l'arcade principale de ce Portique, fourniſſoit aſſez d'eſpace
pour ces vers qui eſtoient à l'honneur de ſa Majeſté.

*Viue le Dieu-donné des Monarques de France,
Viue du Grand Loüis l'honneur & la puiſſance.
Viue d'Henry le Grand l'image & le renom.
Que la rebellion meure en cette Prouince,
Et qu'on n'agiſſe plus ſous le braue Eſpernon
Que par l'authorité d'vn magnanime Prince.*

Toutes ces illuſtres actions qui ſont les filles de la grace, & les
meres de la gloire, tirent leur ſplendeur des reſiſtances & des habitudes deſreglées de ceux, qui ennemis des Eſtats, des Loix & des
Roys, ne peuuent ſouffrir qu'auec impatience toute ſorte de domination. Noſtre mal-heur a fait naiſtre la ſource de noſtre felicité, &
la rebellion qui ſe propoſoit de troubler l'Eſtat, ou du moins de
choquer la puiſſance Royale, a donné luſtre au vertus DE SON
ALTESSE, qui pour ce ſujet furent repreſentées comme vn
tableau deſtiné pour l'eternité, & qui deuoit ſeruir aux ſiecles aduenir de modelle à ceux que le deſir d'honneur, ou la cupidité de
la gloire porteroit à la recherche ou à l'imitation de ſes vertus heroïques.

VERTVS HEROIQVES
dont SON ALTESSE a vsé
pour la reduction des Rebelles
à leur deuoir.

QVOD·LABORE

Son trauail assidu compagnon de sa gloire,
à rangé la reuolte au terme du deuoir.
La temerité cede à l'absolu pouuoir,
Et les marques d'honneur font briller sa victoire.

LA DILIGENCE.

Diligent aux Exploicts il imite vn tonnere;
D'ont l'esclair & le coup se donne en mesme temps;
Il renuerse, il abat l'orgueil de ses Titans:
Qui s'estoient esleués pour faire au Roy la guerre.

LA FOY.

Conſtant en ſon propos fidel en ſa promeße,
Son cœur garde la Foy meſme à ſes Ennemis,
Qui reuerent celuy qui les ayant ſoûmis,
Leur rend la liberté, la Paix, & l'allegreße.

L ij

L'EQVITE'.

AEQVITATE

L'Equité qui le fuit, en la Paix, en la Guerre,
Infeparable objet de fes affections,
Poffede tellement fes inclinations ;
Qu'il ne fçauroit fouffrir les Rebelles fur terre.

LA PRVDENCE.

Ce Prince par vn coup d'vne rare Prudence,
Aßemble heureuſement la force & la douceur ;
L'vne dompte l'orgueil, l'autre gaigne le cœur ;
D'vn Peuple mutiné, qui menaßoit la France.

L iij

LA MAGNANIMITÉ.

Sa Magnanimité le porte à la clemencé,
Au lieu de mal-traicter leur infidelité:
C'est vn rayon brillant de la Diuinité;
Qu'il retient de nos Roys pour l'appuy de la France.

LE CONSEIL.

CONSILIO

Noſtre Alcide François dans ſes faits nompareils,
A bien ſuiuy de prés la valeur d'Alexandre,
Comme luy il parût hardy pour entreprendre,
Mais il l'a ſurmonté par ſes ſages Conſeils.

ET ARMIS.

Son fer a renuersé sur ces trouppes mutines:
Cet orgueil ennemi du Sceptre de nos Roys
Ce Vainqueur les contraint d'obeïr à ses loys,
Et les accable enfin sous leurs propres ruïnes.

Quelques conſiderations ſur les vertus heroïques DE SON ALTESSE, repreſentées dans ce dernier Portique.

ET PREMIEREMENT,

DV

LABEVR.

L'IMAGE du labeur y tenoit le premier rang, ſous la figure d'vn Hercule couuert d'vne peau de Lion, la maſſuë à la droitte, & trois pommes d'or à la gauche; lequel fut en telle eſtime parmy les anciens, que comme exterminateur des monſtres, comme celuy qui auoit dompté les taureaux, eſtouffé les Lions, & deliuré les peuples de l'oppreſſion, il merita d'eſtre tenu comme l'idée la plus parfaite des vertus tant du corps que de l'eſprit dont le berceau illuſtre par la mort de deux ſerpens donnoit tacitement à entendre que ceux que la vertu deſtine aux grandes choſes doiuent dés leur ieuneſſe s'employer aux actions laborieuſes. L'hydre renaiſſante qui perit toûjours par ſes mains, (& qui fut le principal de ſes traueaux) ſi nous en croyons aux plus ſubtils, eſt le vray ſymbole de l'enuie. Comme l'vne tiroit ſa naiſſance des fondrieres & du limon puant des lieux mareſcageux, l'autre nous fait voir par ſes effets qu'il n'y à que les ames baſſes, viles, & ſordides, qui ſoient capables de cette fureur. Sa maſſuë denotoit la force d'eſprit dont ceux qui aſpirent à la vraye gloire doiuent eſtre pourueus.

Les trois pommes d'or deſignoient les principales vertus des

M

ames heroïques ; qui font de bannir l'auarice , furmonter les volu-
ptés, & maiſtriſer les paſſions : Et d'autant que SON ALTESSE,
à des habitudes fort conformes & conuenables aux vertus de cét
Heros , l'on auoit expreſſement choſi cette repreſentation pour exprimer ſes inclinations naturelles au trauail. Il ſçait trop bien que
ce n'eſt pas le propre d'vn homme genereux de craindre la ſueur,
& que celuy là n'eſt n'y fort n'y vaillant, qui refuſe la peine. Il ſçait
trop bien qu'aux hommes illuſtres l'action eſt neceſſaire , & l'oyſiueté pernicieuſe. C'eſt la raiſon pour laquelle pendant que les vns
ſe diuertiſſent dans les delices, il ſe nourrit de la peine ; & pendant
que les autres ſont au bal, il fait ouurir la terre pour s'exercer dans
les tranchées. Il ſçait trop bien que le trauail entretient les armées,
que l'oyſiueté les abaſtardit ; & que ce n'eſt point le nombre n'y la
multitude ignorante qui emporte les victoires , mais bien les trouppes aguerries & vſagées dans la diſcipline militaire dont il s'eſt ſeruy
dans ces dernieres actions, qui le font reconnoiſtre en cette Prouince
comme vn Hercule genereux, dont le trauail continuel rend la vertu d'autant plus eſclatante qu'elle eſt neceſſaire à l'Eſtat , & vtile à
tous les Bourguignons.

Que ſi autrefois Hercule à ſa naiſſance a eſtouffé les ſerpens,
SON ALTESSE à ſon aduenement en cette Prouince à eſtouffé les diuiſions inteſtines. S'il a dompté la fureur des taureaux,
SON ALTESSE à rabbattu l'orgueil & la puiſſance de ceux,
qui portés d'vne outrecuidance orgueilleuſe leuoient les cornes pour
appuyer vne puiſſance, qui n'eſtoit n'y raiſonnable ny legitime. S'il
à exterminé l'hydre renaiſſante, SON ALTESSE , par vn
effet de ſon courage, & par la force de ſes armes, s'eſt rendu Exterminateur de deux hydres à teſtes innombrables : dont l'vne eſt
la rebellion qu'il à abbatuë dans ſa naiſſance au ſiege du Chaſteau
de Dijon, eſtonnée dans ſes progres au ſiege de Paigny, exterminée
à Bellegarde auec tous ſes adherans. De plus il a couppé le chemin
à l'enuie, cette hydre renaiſſante , qui vouloit faire ſecher ſes Lauriers , ternir ſes victoires, & fruſtrer ſa perſonne des honneurs legitimes que cette Prouince deuoit rendre à ſon Protecteur. C'eſt
SON ALTESSE à qui comme à vn autre Hercule genereux ; ce
grand Atlas de la France , ie veux dire Sa Majeſté , à commis les
ſoins & le Gouuernement de cette Prouince ; qu'il regit par ſa preuoyance, qu'il entretient par ſa Iuſtice , & qu'il conſerue par ſon
courage.

C'est luy dont la force infatigable & inuincible souftient continuellement le poids de nos affaires. C'est luy qui eftouffe ces An-
thées:c'est ce Prince victorieux qui fous l'impetuofité de la foudre de
fes canons, renuerfe ces Salmonées, à fait fuccomber ces fils de la
terre, ie veux dire ces faux François, ces Enfans d'orgueil & de reuolte, qui comme des Geans orgueilleux s'efleuoient contre la puiffance legitime de leur Souuerain ; pour les accrauanter fous la ruïne
de leurs baftions, qui font maintenant applanis pour frayer le chemin
du triomphe A SON ALTESSE, Voila ce qui auoit don-
né fujet d'efleuer cette premiere figure.

LA
DILIGENCE.

I iamais la fortune & la grandeur furent d'accord pour releuer le pouuoir d'Alexandre, & fi iamais la curiofité à voulu
penetrer auec circonfpection les caufes de tant d'heureux fucces, Elle a peu facilement reconnoiftre que l'action, le trauail, la
diligence, & l'hardieffe en ont ietté les premiers fondemens.

C'est la diligence qui releue les hommes, qui augmente leurs for-
tunes, & rend les Eftats floriffans, & fi la pareffe les aneantit, c'eft
elle qui les fçait heureufement releuer. C'eft elle qui s'accommode
aux temps, qui difpofe des occafions, & fçait mefnager vtilement
les iours, les moments, & les heures. C'eft elle dont la connoiffance
obferue toutes chofes pour en tirer quelque aduantage ; Son actiuité
n'a point de relafche: il n'eft point d'oifiueté qui la puiffe engourdir:
elle tire vtilité de tout, & fous fa conduite les chofes les plus difficiles trouuent de la facilité. C'eft elle qui comme l'auantcourriere des
Victoires de Monfeigneur le Duc d'Efpernon, à conduit les Clés
aux expeditions militaires, les Soldats aux occafions, & les ouuriers à
l'execution de fes deffeins, qui ont preuenu les efperances de ces de-
fefperez pour les ietter dans la confufion des vaincus. Elle eftoit reprefentée fous la figure d'vne Vierge aiflée, tenant vne flefche à la

M ij

main vierge pour monftrer qu'elle n'a rien de commun auec les vo-
luptés ; aiflée pour tefmoigner fon actiuité en fes entreprifes, & la
celerité qui accompagne toutes fes expeditions. Et c'eft à cette occafion que les anciens Romains aux empreintes des medailles confulaires , reprefentoient la Ville de Rome fous la figure d'vne femme,
auec vn cafque aiflé en tefte. Et mefmes leurs legions armées à la
legere , comme les plus diligentes, furent appellées legions volantes;
le tout pour exprimer la celerité aux expeditions militaires , qui
auoient agrandy leurs Eftats.

La fleche à la main faifoit tacitement conceuoir que comme la
force de l'impulfion, la porte en vn inftant au but qui luy eft propofé;
que toute cette actiuité que nous remarquons aux Exploicts D E
SON ALTESSE n'eft que l'image de fes intentions qui ont fauorifé cette Prouince d'vn double bienfait , en luy donnant promptement & auec celerité le repos qui eftoit apres le feruice de fa Majefté
le but principal de toutes fes actions. C'eft ce qui fit diligenter les
ouuriers à efleuer cette figure à fa diligence.

LA FOY.

V troifieme efpace vne Nymphe d'vne grace & d'vn maintient aggreablement majeftueux fe faifoit facilement cognoiftre par la candeur de fes habillemens. Elle portoit à fa
main vn miroir , où deux mains jointes enfemble paroiffoient amou-
reufement enlacées.

C'eftoit l'Image de la Foy , cette fincere compagne des actions
DE SON ALTESSE, C'eft elle qui eft la racine viuante des
vertus, le principe de la Religion, l'ornement des Princes, l'appuy certain de nos contracts & de la verité de nos paroles. C'eft la maiftreffe des pactions, le lien le plus honorable de la focieté ciuile. En vn
mot , tout repofe fur la Foy publique , qui fut en telle veneration
parmy les anciens , que bien qu'ils fuffent priués de fes principales
lumieres , ils ne laifferent pourtant de l'honorer, de la placer au capitole , de luy eriger des autels & faire des facrifices ou les Flamines
habillées de blanc luy faifoient vn feruice perpetuel.

Numa le second Roy des Romains fut le premier inſtituteur des honneurs qui luy furent rendus, & des ſacrifices ſolemnels qui luy furent decernés aux deſpens du public; de telle façon toutesfois qu'il n'y auoit point de victimes eſgorgées; n'y de ſang reſpandu.

SON ALTESSE a eu cét aduantage dans la ſincerité qui luy eſt naturelle, que ſes plus grands Ennemis ſe raſſeurans ſur ſa Foy, luy ont confidemment remis tous leurs intereſts; tenans pour aſſeuré que ſa genereuſe fidelité attireroit infailliblement ſur eux les miſericordes & le pardon qu'ils eſperoient de Sa Majeſté. Monſieur de Rohan apres les guerres ou pluſtôt le tumulte des Huguenots, en à autrefois vtilement eſprouué le ſecours: & les rebelles qui depuis peu ſe ſont remis à ſa diſcretion au ſiege de Seurre, y ont trouué leur aſſeurance; en telle ſorte que ceux qui deuoient reſpandre leur ſang & perdre la vie pour expier la reuolté qui les auoit rendus criminels de leze Majeſté, ont eſprouué des douceurs toutes pareilles à cés ſacrifices non ſanglants qui ſe faiſoient à cette diuinité.

Il leur à tenu ſa parole, ſçachant fort bien que de garder la Foy aux Ennemis qui ſont en noſtre puiſſance, c'eſt la plus haute marque de generoſité; qui à plus aſſujetty de Prouinces & gaigné de ſujets, que la force & la violence des armes.

Cette figure eſtoit habillée de blanc, & Virgile l'appelle *Cana fides*, non pas comme tiennent aucuns, parce que la Foy ſe trouue plus ferme aux vieillards dont les cheueux blanchiſſent ordinairement, mais pour vne demonſtration certaine qu'elle ſe rend conſiderable par la pureté & par la candeur, tout de meſme que SON ALTESE, paroiſt par la ſincerité de ſes actions & la fidelité de ſes paroles.

Elle portoit à la droite vn miroir qui repreſentoit deux mains amoureuſement enlacées par vne eſtrainte mutuelle, de la meſme façon qu'elles ſe voyent repreſentées dans les medailles des Empereurs Veſpaſien, Domitian, Marc Aurele, & Commode, pour deſigner l'accord, l'vnion, & l'amour qui doit reünir les partis diuiſés & apoſer le ſceau à toutes les circonſtances de nos conuentions.

Iam pariter coeunt animorum in fœdera dextræ.

De plus la dextre eſtoit repreſentée pour ſigne d'vne confiance, & d'vne amitié future, ſi nous en croyons Tacite, lequel parlant de la Cité de Langres, *Ciuitas Lingonum veteri inſtituto dona dedit legionibus & dextras hoſpitij inſigne.*

Cette main pendant le sacrifice estoit voilée de blanc, pour monstrer le secret & la candeur ingenuë des paroles & de la Foy donnée, qui pourtant deuoit estre suiuie de l'execution designée par la droite. SON ALTESSE ayant tendu les mains fauorables à ces rebelles qui s'estoient mal-heureusement precipités dans le crime de leze Majesté, & les ayant sur sa parole & sur sa Foy retirés des portes de la mort, qui les sacrifioit iustement à l'indignation du Souuerain, c'estoit à iuste tiltre que l'on auoit releué cette figure pour seruir à la decoration de ce Portique.

L'EQVITÉ.

EQVITÉ est vn droit non escrit, c'est vne Loy qui nous est inspirée par la nature & mesme persuadée par la raison comme vne regle certaine des mœurs pour entretenir l'vnion & la paix dans la societé Ciuile.

C'est la compagne inseparable de la Iustice, c'est la fidelle interprete des loix qui par vne égalité temperée adoucit leur seuerité, & fait pareillement qu'elles ne se relaschent point à vne trop grande indulgence qui ruïneroit leur authorité.

Elle fut representée en ce lieu sous la figure d'vne nymphe qui portoit à la main vn faisseau de verge, & des haches consulaires: qui fut vne ancienne marque de Souueraineté chés les Romains, laquelle fut ostée aux premiers Roys de Rome, & du depuis transmise aux Consuls.

Ces faisseaux estoient enueloppés auec de longues courroyes, afin que la cholere des Magistrats vint à se refroidir pendant le temps que l'on employeroit à les deslier. SON ALTESSE, qui porte les marques de l'auctorité Royale en cette Prouince, s'en est voulu seruir pour ranger les rebelles à la soûmission, & pour moderer les rigueurs de la Iustice qui demandoit la vie de ses reuoltés; lesquels quoy qu'ils eussent merité de sentir les verges & le tranchant des haches, ont neantmoins gousté les douceurs fauorables de la misericorde & du pardon, plustôt que la seuerité des loix, qui s'est trouuée temperée par l'affabilité, par la moderation, &

& par la douceur DE SON ALTESSE, qui ne voulut exiger
autre punition de ſes mutins que leur propre confuſion, ſuiuie d'vn
repentir perpetuel d'auoir ſouſtenu le party de l'iniuſtice.

LA
PRVDENCE.

N ceſt eſpace eſtoit pareillement vne Vierge d'vne mode-
ſtie ſinguliere elle paroiſſoit en ſon viſage en ſon maintien,
meſmes dans ſes habilements diſpoſés à la façon antique,
les couleurs eſtoient celles de S. A. en l'vne de ſes mains elle
tenoit vn ſerpent & l'autre ſouſtenoit vne colombe, ces choſes faiſoient conjecturer à cette diſpoſition que c'eſtoit l'image de la Prudence.

La Prudence eſt vne vertu d'intelligence & de raiſon, laquelle
ſçait faire vn merueilleux diſcernement des biens & des maux qui
peuuent contribuer quelque choſe pour la felicité publique ou particuliere, elle eſt vne lumiere d'eſprit, qui le porte toûjours au bien,
c'eſt la guide, la Directrice & meſmes la Princeſſe des autres vertus dont elle ſe ſert pour limiter l'ordre de leurs employs ; par la
Iuſtice de ſes Conſeils & par la force de ſes raiſonnemens elle
diſpoſe toutes choſes à vne fin ſalutaire, auſſi eſt elle comme la
regle des mœurs d'autant qu'elle s'occupe à la conduitte des actions
qui dependent de noſtre volonté, elle emprunte ſon nom de la
Prouidence, parce qu'elle ne ſe reſſouuient pas ſeulement du paſſé,
elle ne met pas auſſi en conſideration le preſent, mais qui eſt bien
d'auantage, elle porte encores ſes conjectures iuſques au dela des
temps, & par vne ſage preuoyance qui tient quelque choſe de la
Diuinité elle ſçait faire vne ſerieuſe reflection ſur l'aduenir, c'eſt auſſi
à ce ſujet que les Magiſtrats ont mis en la main de cette repreſentation la figure d'vn ſerpent, non ſeulement, parce qu'il eſt le ſim-
bole de la Prudence, *Eſtote prudentes ſicut ſerpentes* : Mais encores il
eſt repreſenté comme ſe mordant, la queuë parce que ſes ſinuoſi-
tés ſemblent eſtre veritablement les images du temps & de ſes reuo-

lutions ordinaires , auſſi ne s'acquiert elle pas en vn moment, le temps & l'experience luy fourniſſent les moyens pour conduire heureuſement ſes entrepriſes, ainſi eſt elle toûjours aux coſté DE SON ALTESSE ; elle preſide à ſes Conſeils, qui ont en auerſion toute ſorte de violences , & quoy que la ſeuerité de la Iuſtice Royale luy euſt mis les armes à la main pour la punition des Rebelles , il à neantmoins prefferé la douceur à la force, & n'a point fait ſentir le fiel à ceux qui auoient prouoqué ſa iuſte indignation, c'eſt auſſi pour ce ſujet que cette meſme figure portoit en l'autre main la repreſentation d'vne colombe laquelle ſelon les Naturaliſtes eſtant exempte de fiel , eſt auſſi la veritable image des douceurs DE SON ALTESSE.

Ie ne puis aſſes eſtimer l'inuention de ceux qui pour exprimer qu'il eſtoit quelques fois à propos de ioindre la Prudence auec la force, deſpeignoient vn Lyon dont le col eſtoit enueloppé d'vn ſerpent auec ce mot *nihil decentius* , il eſtoit facile à S. A. de renuerſer par ſon authorité & par la force de ſes armes ceux qui les auoient inſolemment prouocquées , il les auoit reduits à telle extremité qu'ils n'eſperoient ny ſuport ny ſecours, il s'eſtoit par ſes armes rendu maiſtre de leur liberté de leur fortune & de leur vie qu'il leur pouuoit oſter auec iuſtice, puis que leur fellonie les en auoit rendus indignes , neanmoins par vn effeɛt magnanime de la Prudence , qui luy eſt naturelle, *quos armis vicit, prudentiæ dulcedine deuinxit*, & preferant l'vtilité publique à la paſſion des particulers qui deſiroient leur perte , il a ſçeu par ſa prudence augmenter ſa gloire & tirer aduantage de ſes illuſtres occaſions qui ont à la fin rangé les rebelles aux iuſtes ſoûmiſſions de l'obeyſſance , c'eſt pour ce ſujet que les Magiſtrats creurent qu'il eſtoit du deuoir & de la bienſeance de repreſenter en ce lieu l'image de la prudence parmy les autres vertus.

LA
SCIENCE.

V cinquiéme eſpace vne Nymphe releuée en boſſe, & tenant vn Liure à la main, repreſentoit la ſcience, exprimée par le Liure, car ce ſont les Liures qui les contiennent ordinairement, & deſquels comme d'vne viue ſource elles ſont plus facilement puiſées.

Il n'y a point de doute qu'il faut eſtre doué des lumieres d'eſprit toutes particulieres, pour le Gouuernement politique. Cette ſcience eſt vne ſource qui émane en quelque façon de la diuinité; & ce que ſa prouidente ſageſſe fait dans la conduite de tout l'Vniuers, celle cy l'obſerue au Gouuernement des nations; donnant des ordres reglés à tant de teſtes differentes, vniſſant les eſprits diuiſés ſous l'authorité des Loix, des Reglemens, & des Ordonnances. Cela ne ſe fait pas ſans eſtre eſclairé des lumieres diuines de la ſcience, & du ſecours d'vne ſageſſe conſommée, qui reçoit la Iuſtice qui luy eſt diuinement inſpirée de Dieu pour en faire part aux peuples par vne diſtribution eſgale & exempte des haieurs, des paſſions, & des auidés de l'intereſt.

Et faut tenir pour aſſeuré que toutes les graces naturelles, & les inclinations que peuuent auoir eu les grands perſonnages, romperoient contre terre, & ſeroient ſans eſtime, ſi elles n'euſſent eſté accompagnées de l'eſtude des bonnes mœurs, & eſclairées par les lumieres infaillibles de la ſcience. C'eſt pour ce ſujet que les anciens ſouhaittoient auec paſſion que les Sceptres tombaſſent entre les mains des Philoſophes, comme plus experimentés aux ſciences, & les mieux inſtruits de la politique; dont le Iugement imbeu dans les affaires, ne peut eſtre preuenu n'y ſurpris des apparences menſongeres des Eſprits captieux, & dont la ſcience vniuerſelle les rendit capables de maintenir l'ordre par tout, en decidant toutes ſortes de differens qui pouuoient ſuruenir parmy les peuples.

En effet la ſcience eſtant le flambeau de l'eſprit, la regle des mœurs, & vne habitude permanente qui redouble les plaiſirs de la vie par la certitude de ſes principes, & par la cognoiſſance qui raiſonne ſur la

N

nature des chofes. Elle eft entierement neceffaire, à ceux, que les charges, la naiffance ou le choix du Prince appellent au Gouuernement ; afin que par fon fecours, & fous fa conduite iudicieufe, les peuples puiffent goufter les fruicts de la Iuftice, & les douceurs d'vn fage Gouuernement ; SON ALTESSE s'eftant par fon Eftude acquis ces belles lumieres de la Science, dont les puiffantes habitudes jointes aux experiences continuelles qu'il a dans les affaires & dans les emplois les plus importants, font maintenant goufter à cette Prouince les merueilleux aduantages de fon adminiftration ; nous deuons celebrer le iour de fon arriuée comme celuy de la naiffance de noftre bon-heur, comme celuy qui nous donne pour Gouuerneur vn Prince vigilant, courageux experimenté, qui qui non content de nous auoir protegé par fes armes, tire encore de fa fcience des certitudes vtiles au repos de cette Prouince, & aduantageufes à l'Eftat ; lequel pour le bien & feruice de Sa Majefté, fçait faire vn merueilleux difcernement des perfonnes affidées, pour les honorer de fes Commandemens & des faueurs de fa creance. C,'a donques efté le deuoir du public, d'eriger à fon honneur le fimulachre de cette fcience, qui apres la vertu auoit donné les premieres teintures à fa ieuneffe, & qui comme vne autre Minerue accompaghe noftre Vlyffe en toutes les expeditions qui concernent le falut de cette Prouince.

LA
MAGNANIMITE.

Ette figure qui ne cedoit en rien aux precedentes, redoubloit les beautés & les ornements de l'Architecture par le meffange du relief, c'eftoit vne Amazone laquelle parmy la lueur des armes dont elle eftoit couuerte, faifoit efclatter des lumieres toutes rauiffantes, & des attraits Diuins, tant de la douceur de fes yeux que des graces de fon vifage & de fes habillemens magnifiques, le Port Augufte & le maintient Royal, qui paroiffoit en fa perfonne, laiffoit vn certain refpect à ceux qui arreftoient la veuë fur elle. Sa main droicte tenant vn jauelot faifoit demonftration d'vn courage inuincible, & ce d'autant plus que l'on voyoit à fes pieds

vn Lyon, qui fembloit foûmettre à fa valeur, fa force, & fa ferocité.

C'eftoit l'image de la magnanimité, cette vertu des Roys ou des
ames Royales & Heroïques, qui tire fon efclat de toutes les autres
vertus, & qui s'efleue au deflus du commun des hommes, pour
mefprifer ce qu'ils recherchent auec tant d'auidité. C'eft elle qui fçait
exciter les courages aux chofes grandes, arduës & difficiles. C'eft
elle qui d'vn œil efgal & d'vn efprit affeuré fe fçait commander en
toutes les occurrences, & fçait également enuifager l'vne & l'autre
fortune, qui fait peu d'eftat des iniures, & pardonne facilement les
offences, les terreurs, les menaces, & tout ce que l'opinion des hommes eftime calamité n'eft point capable de l'efbranler. Comme elle
abhorre le faft, auffi n'eft-elle pas enflée ny menfongere. Elle hayt
les faufes & trompeufes apparences qui peuuent furprendre la fim-
plicité des Efprits, fa vertu eft fans fard, elle eft folide, entiere, &
dans vne perpetuelle ftabilité.

La magnanimité DE SON ALTESSE qui paroift dans la
grandeur de toutes fes actions, fait bien cognoiftre qu'il ne fort rien
de luy qui ne foit grand, illuftre, & genereux. Les armes qu'il a fi prudemment conduittes, fi vtilement employées pour le feruice de fa
Majefté & le falut de cette Prouince, font voir qu'il fçait heureufement ioindre à la Nobleffe du fang, la magnanimité ou grandeur de
courage. Comme il fçait mefprifer les loüanges, auffi fait il peu
d'Eftat des iniures : il pardonne genereufement les offences, & fçachant fort bien que c'eft vne efpece de vengeance que de ne fe point
venger, il a laiffé les biens, la liberté, & la vie à fes Ennemis, afin
d'auoir plus les tefmoins de fa magnanimité, & ietter plus de confufion fur ceux qui portent enuie à fa gloire. Comme les fafcheufes
fuittes ne l'ont iamais eftonné, auffi la profperité n'a iamais efleué
fon efprit audela des termes de la moderation, qui a efté toufiours
accompagnée d'vne bonté conftante & genereufe qui ne fe peut fa-
tisfaire que par la profufion des biensfaits : imitant celle de l'Empereur
Tite, qui ne fe croyoit pas Empereur le iour qu'il n'auoit fait du bien
à perfonne. Il confere le bien fans intermiffion, & fe donnant foy
mefme au public, va de grand cœur aux occafions perilleufes ; où
nous l'auons veu courir aux feux des Ennemis, n'ayant iamais efpar-
gné fa vie, quand il la reconnuë vtile & falutaire au public.

Mais que fignifie ce Lyon qui paroift aux pieds de cette Amazone?
Ceux qui ont porté leur curiofité à la recherche des fecrets naturels,

tiennent constamment, que non seulement la figure, mais encore toutes les parties du corps de cét animal retiennent en elles quelque signification mysterieuse. C'estoit l'image de la magnanimité, cette signification, ou du Roys ou des

Les vieux monumens, & les medailles antiques ou l'on voit encore l'empreinte & representation du Lyon, nous confirment cette verité; car tantôt elle signifie la force corporelle, tantôt celle de l'esprit, qui sçait dompter les passions, maintenant la vigilance, tantôt la garde, & suivant la diversité des sujets, autres differentes significations. Mais c'est vne opinion constante & generale, que la magnanimité luy est naturelle, n'y en ayant point de plus courageux parmy les animaux.

Les Prestres Ægyptiens ont de là pris sujet de le tenir pour le Symbole de la Magnanimité. De plus ils exprimoient par la figure du Lyon vn homme hardy, entreprenant, non sujet aux terreurs paniques : & nous voyons le Lyon pris en ce mesme sens parmy les Sainctes Lettres, lors qu'elles font mention du Lyon de la tribu de Iuda.

Les mesmes Ægyptiens par la partie anterieure de cét animal designoient la force, comme par l'endroit ou elle estoit entierement ramassée. C'est à ce sujet que dans les medailles des Empereurs Nerua, & Trajan, l'on voit l'empreinte d'vne massuë sur vne teste de Lyon; dont l'vne signifie la force corporelle, & l'autre celle de l'esprit, qui est la vraye magnanimité.

Celle de Son Altesse esclate suffisamment de ses propres rayons; ie veux dire, par ses propres actions, & mesme par le tesmoignage de ses Ennemis. Elle a paru auec esclat dans le traitement humain & fauorable qu'elle a fait à ceux que l'effort de ses armes auoient remis en sa puissance : & bien que l'insolence accompagne ordinairement la force des vainqueurs, qui par des conditions onereuses punissent rigoureusement les resistances, ou l'opiniastreté des vaincus; ceux qui ont esté contraints de subir la Loy du Vainqueur, & d'obeyr aux ordres de Son Altese; au lieu de ressentir les effects d'vne iuste seuerité, ont reconnu par la debonnaireté dont il a vsé en leur endroit, que le plus sublime degré de magnanimité n'est pas d'vser de force, mais bien de se rendre debonnaire & d'exercer l'humanité enuers ses Ennemis lors principalement qu'ils sont abbatus, & n'ont puissance de nuire.

(*Corpora magnanimo satis est prostrasse Leoni.*)
& qu'il est plus honorable de voir ses Ennemis suruiure à ses victoires,

que de voir la terre empourprée de leur sang, & couuerte de leurs
cadaures. . . . .

Ainsi en vsa autrefois Alexandre lors que Polipetca l'inuitoit de
prendre l'occasion de la mort de Darius, pour se rendre maistre de
ses pays : *Malo* (dit-il) *me fortunæ pæniteat, quàm victoriæ pudeat*, il
aymoit mieux perdre ses auantages de sa fortune, que de ternir ses
victoires par quelque inhumanité. Le cœur genereux & les habitudes
magnanimes DE SON ALTESSE, le portant à imiter les
actions, aussi bien que la generosité de ce grand Monarque, se
contente d'abbatre ces rebelles, & d'atterrer ce qui luy fait resistance,
il n'estime pas que les victoires pour estre plus sanglantes, en deuiennent plus illustres. Vne clemence magnanime fait quelque fois
plus d'impression sur les esprits, que la fureur & le trenchant des armes,
& fait-on plus d'estat de celle de Scipion, & de Cesar, que de leurs
victoires : & si iadis ce Grand Prince lors que le sang Romain ruis-
seloit de tous costés, escriuoit qu'on espargnat le Citoyen Romain,
SON ALTESSE pareillement tire vn glorieux auantage quand
il peust espargner le sang des François, quelques malueillans qu'ils
puissent estre, esperant que la raison & la Iustice les ramenera
quelque iour à leur deuoir. C'est ce qui donna sujet aux Magistrats
d'eriger cette figure à sa magnanimité.

✶✶✶✶✶✶✶✶✶✶✶✶✶✶✶✶✶✶✶✶✶✶✶✶✶✶✶✶✶✶✶

LE
CONSEIL.

E N suitte l'on voyoit vn vieillard, qui se rendoit venerable
par la Majesté Auguste de son visage, qui imitoit celle de
ses premiers Senateurs Romains que nos anciens Gaulois
estimoient estre les Dieux tutelaires de la Ville de Rome.
La longue robbe & le manteau pourpré, auec la chaisne d'or ou pendoit sur la poictrine l'image d'vn cœur, redoubloient les graces
dont l'art auoit enrichy cette statuë : & le rouleau de papier qu'il tenoit à la main, faisoit aussi cognoistre aux moins experimentés, que
c'estoit vn Nestor, ou du moins l'image de l'vne de ses diuinités qui
presidoient anciennement aux Conseils.

La superstition des anciens qui portoit son culte ou plutôt ses prophanations à reuerer les diuinités fabuleuses, adora Neptune sous le nom de Consus, qui fut estimé le Dieu du Conseil ; non pas (comme feignent quelques vns) de ce qu'il suggera à Romulus le rauissement des Sabines, qui fut vne action de violence plustôt que de conseil ; mais bien (comme dit Arnobe) *quod salutaria & fida consilia nostris suggerat cogitationibus.* C'est pourquoy ceux qui autrefois ont establi les Monarchies & erigé les Republiques, considerans que la puissance despourueuë de Conseil, contribuëroit elle mesme à sa destruction ; ne negligerent iamais son secours, & se formerent des Conseils de personnes d'vne éminente probité, pour sur leur vertu, conduitte, experience, & capacité, se reposer des soins des affaires les plus importantes.

En effect le Conseil est le flambeau des esprits, qui les fauorise de ses lumieres dans l'establissement des affaires, & dans le demeslé de mille difficultés : c'est le niueau qui doit regler toutes les bonnes actions : c'est luy qui rend la sagesse plus signalée, c'est ce fils du temps & de l'experience qui remedie au passé, & qui preuoit les éuenements à trauers les siecles à venir, c'est le Conseil qui est l'arbitre des difficultés, le fanal des Princes, le Directeur des Estats, & l'appuy des Couronnes : c'est luy qui denonce la guerre & donne la paix aux nations : c'est luy en vn mot qui sçait preparer le repos & la felicité des peuples.

Il estoit en ce rencontre representé sous la figure d'vn vieillard, pour monstrer que la force, l'actiuité, & la diligence corporelle n'agissent pas si puissamment aux affaires d'importance, comme fait la Science, le Conseil, & l'experience des plus Anciens. A ce sujet les Republiques de Lacedemone, & des Atheniens, donnans plus de creance à la Prudence du Conseil, qu'a la force des armes, ne commirent au Gouuernement de leurs Estats que des personnes dont l'aage aduancé auoit esteint les feux de la ieunesse, & affoibly les forces des passions auec celles du corps ; afin que dans l'importance des affaires ou il y alloit des biens, de la vie de la liberté, & du salut des peuples, la Prudence des Conseils pû manier seurement le timon, *Magis est decernendi ratio, quàm decertandi fortitudo.*

Il portoit vne longue robe auec vn large cloud de fin or, qui fut anciennement (comme il est encores à present) l'habit des Senateurs, & des personnes de Conseil. Sur sa poictrine, qui est pareillement le symbole du Conseil, & le siege de la sagesse (suiuant

que le remarque fort bien Pierius) on voyoit vne chaîne d'or, qui
fouftenoit vn coulan de mefme metail; où vn cœur fufpendu (qui
fut autrefois appellé des anciens *Bulla*) exprimoit la premiere & principale habitude d'vn bon Confeillier, qui comme amy de la verité
doit porter fon cœur fur fes leures ; afin que fes paroles foient tousjours conformes à fes penfées ; puifque fans cette ingenuïté, defignée par cét ornement en forme de cœur, les confeils captieux ban-
niroient la foy de la focieté ciuile, pour eftablir en fon lieu & place
la fraude, la perfidie, & la deception.

Le volume qu'il tient à la main, nous peut apprendre que le confeil fçait démefler les difficultés les plus embarraffées, & peut def-
uelopper les nœuds des affaires les plus difficiles qui luy font mifes
en main, ou confiées à fa conduite : & fait pareillement cognoiftre
que l'efprit d'vn excellent Confeillier, quelque difficulté qui fe prefente, eft tousjours au deffus de fes affaires.

C'eft ce qui fait que i'ofe affeurer, qu'auffi-toft que Dieu à fauorifé vne perfonne de belles & grandes qualitez, foit pour le Confeil,
foit pour l'execution, elle eft née pour le public ; & quiconque fe
veut referuer en particulier ce que la diuine prouidence auoit deftiné
pour l'vtilité publique, il efteint vn flambeau qui deuoit efclairer tout
l'vniuers, & abufant des graces qui luy font conferées par la diuinité,
priue les hommes de fon induftrie, & de la prudence des confeils,
qui luy eftoient diuinement infpirés pour foulager les imbecilles &
fubuenir aux neceffités communes.

SON ALTESSE qui fçait ioindre à la naiffance d'vn fang illuftre, les principes d'vne vertueufe morale, auec ceux de l'erudi-
tion, eftant pour les rares & vertueufes qualités qui fe retreuuent en
fa perfonne, appellé au Gouuernement de cette Prouince, par
la iudicieufe & Royale election de noftre Souuerain Monarque
LOVYS XIV. de ce nom, n'a iamais reculé ny refufé fes peines au
public. Il nous a dans les diuifions inteftines qui menaçoient cette
Prouince d'vne defolation generale, fauorablement affifté de fa
perfonne, de fon courage, & de fes confeils ; de fa perfonne qu'il a
volontairement expofée aux hazards de la guerre, pour nous faire
vn bouleuard de fon corps ; de fon courage, qui à main armée eft
allé chercher & combattre les Ennemis du Roy, mefmes aux lieux
de leur retraitte, & dans l'enclos de leurs propres fortifications ; de
fes confeils, qui prudemment concertés & diligemment executés
ont furpris les forces ouuertes, & renuerfé les deffeins de la rebel-

lion. En effet ce n'est rien d'auoir les armes au dehors, si le Conseil n'est au dedans, & tout cét appareil exterieur de la guerre n'est qu'vne fastueuse foiblesse, si le Conseil n'en prend la conduite. C'est aussi à celuy là que les Magistrats de la Ville de Diion auoient destiné cette place d'honneur dans cét arc triomphal, comme au Directeur des desseins & des armes DE SON ALTESSE, & qui auoit suggeré les moyens les plus innocens, les plus legitimes, & les plus salutaires pour le bien & l'vtilité de cette Prouince.

LES ARMES.

LE dernier espace estoit vne figure armée, ayant le pot en teste, le iauelot à la droite, & le bouclier à la gauche. Cette figure estoit à dessein de representer la guerre ou plustôt les armes.

Bien que la guerre soit la fille des passions qui allument les cœurs d'vn appetit déreglé de se vanger, ou d'entreprendre ; bien qu'elle soit l'auantcouriere de la mort, & de ces homicides innombrables, où l'horreur du massacre prenant d'vn costé, pendant que d'ailleurs la fureur s'establit par les efforts de la violence & de l'impunité ; bien qu'elle décredite les Loix, qu'elle rompe le commerce, & qu'elle arme la nature contre elle méme pour loger l'inhumanité dans le cœur des humains ; & que les malheurs publics qu'elle entraisne quant & soy, portent l'estonnement & la misere parmy les nations qui en ressentent les tristes effects par des coups non preueus : si est-ce toutesfois qu'elle est en quelque façon necessaire, non seulement pour satisfaire à la Iustice diuine quand les mœurs licentieuses & dissolues des peuples débordez prouoquent son indignation, mais encore pour appuyer l'authorité des puissances humaines que Dieu a destinées pour commander aux peuples.

C'est pour cette raison qu'il a mis les armes à la main des Souuerains pour la deffence de leurs Estats, pour l'execution de la Iustice, & pour la protection des sujets. Elle est en quelque façon necessaire, autant que le requiert le culte de Dieu, l'interest de la Religion, le seruice de nos Roys, la deffence de nostre patrie, & la seureté de

nos

nos familles qui se trouueroient indignement exposées aux oppres-
sions & aux mains rauissantes des vsurpateurs , si le Dieu des armées
n'excitoit les courages & n'armoit les mains des Princes genereux
pour exterminer ces exterminateurs du genre-humain , dont l'impieté
confondant sans respect les choses sacrées auec les prophanes , mesle-
roit impunément parmy le sang de nos Citoyens occis , le sacrilege,
le brigandage, le violement, & les incendies.

Si les malheureux partis , qui s'étoient imperceptiblement formés
au prejudice de ce qui estoit deu au seruice du Roy , n'eussent pris
des accroissements pernicieux à l'Estat & preiudiciables à cette Prouince , SON ALTESSE qui nous a toûjours procuré le repos,
n'eust pas esté obligée de faire valoir par les armes l'authorité du
Souuerain : si la rebellion n'eust par des moyens secrets , des desseins
concertés , & des resolutions iniques tasché de s'emparer des parties
nobles, aussi bien que des principales forteresses de la Prouince, SON
ALTESSE pour nous redimer des iniures, des rauissemens, & des pertes
dont nous estions affligés , n'eust pas esté contrainte de faire esclater
ses armes , & le tonnerre de ses canons pour foudroyer celle qui depuis tant de siecles fait gloire de sousleuer la France contre la France,
de porter la diuision dans les Estats pour puis après (par vne malice
consommée s'esleuer orgueilleusement contre les puissances legitimes.

Lors qu'vn mal est inueteré , l'on est bien souuent contraint d'vser
de remedes fascheux & violents ; & faut quelque fois employer le
tranchant du fer , & l'actiuité des flames pour euiter vne gangrene
mortelle. Ce que ce mal est au corps humain, la felonnie & la rebellion le sont dans les Estats : & il seroit facile d'y apporter le remede,
& d'en arrester le cours dés leur naissance , & mesme dans leur suitte
d'en empescher les progrés , mais lors que d'vn propos premedité &
d'vne malice concertée , l'vne ou l'autre s'empare du cœur des sujets
pour heurter par les armes la puissance du Souuerain , l'opiniastreté de
ce mal dangereux requiert des remedes violents , & à moins que d'y
employer le fer, le feu, & la pointe des armes, les choses ne se peuuent
facilement restablir.

SON ALTESSE , dont la preuoyance conduit tous les desseins , & qui ne fait rien par vne temeraire precipitation , voyant que
la rebellion auoit formé vn party dans la Prouince de Bourgongne,
qu'elle s'estoit emparée des places d'importance , & des principales
forteresses du pays ; & de plus , que s'estant formé vn corps d'armée

O

d'vne multitude vagabonde, que l'appetit du gain, l'injuſtice, & le crime auoit aſſemblés, à deſſein de fourrager la Prouince, creut qu'il y alloit du ſeruice de Sa Majeſté, & de ſon honneur, de reprimer cette petulance. Mais comme en matiere de guerre *virtute faciendum eſt quidquid in rebus bellicis eſt gerendum*, auparauant que d'en venir aux armes, ſa vertu genereuſe voulut reconnoiſtre quels ennemis il auroit à combattre, afin qu'en obſeruant leur démarche, leurs deſſeins, leurs progrés, & leurs forces il puſt profiter de leur temerité, & ietter les fondemens de ſes victoires. Ce fut auſſi le ſujet qui aduança ſon voyage à Dijon, où d'abord parmy les diuiſions inteſtines des Citoyens, il ſe trouua que dans la Ville capitale de la Prouince, dont il eſtoit Goüerneur, il ne pouuoit diſpoſer du Chaſteau, les factieux & fauteurs de la rebellion s'en eſtants emparés de longüe main: de plus, qu'ils auoient des intelligences ſecrettes à Verdun, & à Sainct Iean de Loſne & que la Ville de Seurre outre les auantages naturels de ſa ſituation, eſtant regulierement fortifiée, leur ſeruoit de retraite & d'vn azyle aſſeuré, au cas que l'euenement des armes ne leur fuſt fauorable. C'eſt ce qui donna l'aſſeurance à ces mutins de faire des courſes, d'enuoyer des billets par tout pour mettre en contribution les Villages & Communautés, & la Prouince en allarme, aſſeurés ſur cette confiance, que ceux qui auoient par le paſſé donné la chaſſe à nos Soldats, deffait leurs Trouppes, & arreſté vne armée Royale, pourroient facilement s'oppoſer & vaincre en meſme temps les forces d'vn Goüerneur. Et d'autant que la violence de leur procedé troubloit entierement le repos public, & que les plaintes ſe portoient déja par tout, de leurs vexations, volleries, & rançonnemens, SON ALTESSE qui ſçait que la bonne diſpoſition des armes eſtablit le ſalut de tous, & porte la terreur & l'eſpouuante aux Ennemis, prit reſolution de purger la Prouince de ſes peſtes publiques.

Ce ſeroit ſe rendre ennüyeux, qui voudroit en deſtail exprimer les commancemens, le progrés, & la ſuitte des ſieges qu'il à formés; ſon courage s'eſt aſſés fait paroiſtre, les machines de Guerre dont nous auons veu l'eſclat & entendu le bruit, & dont les Ennemis ont reſſenty les effets, ſe ſont aſſés fait entendre à leur dommage; & l'hiſtoire qui en portera le ſuccés iuſques dans le ſein de la poſterité, renouuellera la memoire des obligations que nous auons aux armes de noſtre Conquerant. Et puiſque d'ailleurs la curioſité du Lecteur ſe peut ſatisfaire (le deſtail de toutes ſes belles actions eſtant rapporté en l'explication des precedens Portiques dont elles ont fourny,

la matiere) il feroit fuperflu d'vfer de redictes. Bien peut-on affeurer comme chofe certaine, que dans la fuitte de plufieurs fieges,
formés par SON ALTESSE, iamais on ne vit tant d'opiniaftreté,
n'y tant de refiftance oppofée à tant de generofité. Les refolutions
par eux prifes, de fouffrir mille morts plutôt que la remife des
places dont ils s'eftoient emparés, obligerent le courage DE SON
ALTESSE de redoubler fes efforts pour dompter leur rage &
vaincre leur obftination. A cét effet quelques Regimens auancés,
les tranchées ouuertes, les attaques difpofées, les canons rangés
en batterie, firent par leurs effets merueilleux connoiftre à fes defefperés, que leur opiniaftreté ne faifoit que d'irriter leur mal, &
prouoquer le courage DE SON ALTESSE qui les obligeroit à la
fin de receuoir la Loy du Vainqueur ; & d'ailleurs que fon experience fuppleant au deffaut des gens de guerre, rendroit leur refiftance inutile. C'eft ce qui fit qu'apres auoir luitté long-temps,
apres auoir vainement oppofé leurs armes rebelles, en attendant
vn fecours imaginaire, ils tendirent à la fin leurs mains fuppliantes
& defarmées pour implorer les mifericordes de celuy la mefme,
dont ils auoient imprudemment prouoqué la cholere, & flechiffans
fous la Iuftice de fes armes, apres luy auoir remis leurs baftions,
le reconneurent enfin pour Vainqueur : tellement qu'en fort peu
de temps trois fieges terminés, & autant de places remifes en l'o-
beyffance du Roy, apres auoir éprouué la Seuerité des armes DE
SON ALTESSE, ils ont enfin fenty les effets de fa debonnaireté
par les capitulations fauorables qui leur ont efté accordées : tellement qu'ils font maintenant obligés de luy prefenter les couronnes
de Mirthe, de Laurier, & de Chéne ; de Mirthe à fa clemence ; de
Lautiera à fes victoires, & de Chéne comme au liberateur des Citoyens, que la perfidie & la defection auoient infenfiblement engagés dans ce mauuais party. Ils ont fujet de loüer les victoires DE
SON ALTESSE, puis qu'elles épargnent leur fang : ils ont fujet
d'éleuer de leurs propres dépoüilles des trophées à fa generofité,
puis qu'elle les a retiré de l'abyfme & de l'aueuglement où la rebellion les auoit plongés pour prolonger leurs iours par vne nouuelle
vie ; pendant que nos Citoyens beniffent le fuccés des armes victorieufes DE SON ALTESSE.

Sous les deux grandes arcades qui s'efleuoient de cofté & d'autre
pour compofer la façade de cette architecture, l'œil découuroit à
main droite l'image d'vn Prelat, qui par la grace de fon maintien,

par la grauité de son visage, & par la viuacité de la pourpre dont il estoit reuestu, se faisoit assés reconnoistre pour l'vn de ces Princes de l'Eglise qui assistent perpetuellement Sa Saincteté, & dont le choix compose le Sacré College des Cardinaux.

C'estoit la representation de Monseigneur l'Eminentissime Cardinal Louys de Foix, Duc de la Vallette, protecteur des interests de cette Prouince, & le principal appuy de la liberté publique, duquel la Ville de Dijon ne peut sans ingratitude mettre en oubly les obligations immortelles dont elle se treuue redeuable à ses biens-faits, pour auoir auec vn petit nombre de soldats arresté vaincu & dissipé les forces d'vne armée Imperiale au nombre de quatre vingt mil combattans, qui sous la conduite du General Galasse, portoient le feu, le fer, la ruine & la desolation par toute la Prouince de Bourgongne, il s'estoit par vn siege rendu maistre de Mirebeau, & tenoit la Ville de Dijon comme inuestie, quand la diuine bonté qui auoit l'œil ouuert pour nostre salut, & pour la conseruation de cette Prouince, suscita son Eminence pour nous tirer d'vn eminent peril. Ce fut en cette occasion, où sa naissance l'obligeant de suiure les vestiges de ses predecesseurs, fit voir qu'elle sçauoit transmettre en sa personne auec la Noblesse du sang, les auantages des vertueuses actions.

C'est la qu'elle fit voir qu'elle l'auoit rendu successeur de leur sagesse, de leur courage, & de leur fidelité, comme les seuls biens hereditaires de cette illustre maison, dont il n'est yssu personne qui n'ayt dignement secondé les actions heroiques de ses predecesseurs, qui ont fait vn partage égal de leurs personnes, & pour l'Eglise, & pour l'Estat.

L'Eglise a esté honorée des bons exemples, de la pieté, & de la deuotion des vns, & l'Estat a receu des secours tres considerables des Conseils du courage, de la fidelité, & des armes des autres.

Mais en la personne de Monseigneur le Cardinal Duc de la Valette, par vn concours vniuersel de toutes les vertus, la pieté, la religion, la iustice, & les armes, s'estoient vnies ensemblement pour le bien general de l'estat & pour l'vtilité particuliere de cette Prouince, ces graces receuës, & si à propos, auoient donné lieu à l'inscription suiuante, qui estoit aux pieds de cette figure.

LVDOVICO FOXAEO DVCI VALLETANO S.R.E.
PRINCIPI DIGNISSIMO.

Quòd imperialibus armis, impetu facto Burgundiam vndique occupan-
tibus, paruâ sed armatâ manu desperatis rebus feliciter subuenerit, quòd
salutaria religioni arma coniunxerit, armatumque imperÿ suderit exer-
citum.

PVBLICI MAGISTRATVS BENEFACTORI
PVBLICO D. C.

Au dessus de cette figure dans vn cartouche estoient ces vers.

L'Empire auoit formé des desseins furieux,
Qui nous eussent passé sous la rigueur des armes,
Si ce rare Prelat dans l'effroit des alarmes,
N'eut sauué la Ville des Dieux.

A l'opposite sous l'arcade qui estoit à gauche l'on voyoit encores les marques illustres de la Maison de Foix dont SON ALTESSE
tire son Extraction, c'estoit l'image de Gaston de Foix, Nepueu
de LOVYS XII. la terreur des Espagnols, le fleau des taliens,
& l'vn des principaux appuis de la Couronne Françoise; à laquelle
comme dit vn Ancien, tous ceux de cette maison ont esté tres estroi-
tement attachés par le lien de la consanguinité; estant fils de Iean
Vicomte de Narbonne second des enfans de Gaston quatriesme,
l'vn des illustres Princes de son temps, & qui se rendit redoutable
aux Anglois.

Ce Duc Iean espousa Marie fille de Charles Duc d'Orleans, de
laquelle est yssu cét excellent Seigneur Gaston de Foix, qui comme
vn autre Cesar fit que toute l'Italie retentit du los de ses victoires,
que la renommée porta puis apres par toutes les parties de l'V-
niuers.

Qui dans sa ieunesse, & aagé seulement de vingt & quatre ans,
eut cét auantage de se voir dans la charge de General d'armée, apres
auoir esté honoré de la Couronne du triomphe. Ces feux de gloire furent allumés par l'experience & les soins de Iean Iaques Triuul-
ce, excellent Chef de guerre, qui dressa sa ieunesse aux expeditions
Militaires, en beaucoup d'entreprises qui furent suiuies d'vn heureux succés.

Sa valeur prefenta la bataille aux Suiffes , & les repouffa iufques dans le Milanois , & les rigueurs de l'hyuer , ny la difficulté des aduenuës ne l'empefcherent point de fe rendre maiftre de Boulongne la Graffe , où il entra victorieux par des chemins inacoeffibles , portant l'eftonnement & l'effroy parmy les Efpagnols. Il fecourut le Chafteau de Breffe , & par la deffaite de Iean Paule Baillon , & par la prife de la ville de Breffe qu'il gaigna fur les Venitiens , ietta les femences d'vne gloire immortelle.

Si fa generofité & fon courage le releua auec auantage au deffus de la condition des hommes , fi eft-ce pourtant qu'il ne peut pas fe garentir de la condition des mortels , & l'onziéme d'Avril de l'an 1512. celebré par la folemnité du iour de Pafques , le Siege de Raüenne termina la gloire de fes expeditions , & les iours de fa vie: & comme les chofes fe difpofoient à la bataille contre les Italiens , fa vigilance le portant par tout ; apres auoir exhorté fes foldats qui ne refpiroient que l'honneur du gain de cette memorable bataille , il ordonna la marche contre les Ennemis ; où la Cauallerie Italienne ne pouuant fupporter le choc des armes Françoifes fut contrainte de chercher fon falut dans fa fuitte. Mais comme cette retraite fembloit encore retenir quelque chofe de l'Ordonnance. Ce jeune Mars qui ne vouloit point ioüir d'vne victoire imparfaite , prenant occafion de leur donner la chaffe auec vn Peloton de Caualerie , la chaleur du combat l'ayant engagé parmy les Ennemis dont il fut incontinent enuironné , la cheute de fon cheual fit fuccomber fon corps fous la multitude plutôt que fous la valeur de fes fuyards , & fut percé dans le flanc d'vne pique meurtriere , qui luy ofta la vie , mais non pas la victoire , qui fit trembler toute l'Italie fous le poids de fes armes. Raüenne en fuite prife & faccagée feruit pour appaifer les manes de ce Conquerant , & prit la Loy du foldat victorieux , qui le fuiuit de fes regrets iufques dedans la ville de Milan , où fon corps fut inhumé. Là on mefla la pompe triomphale auec les apareils funebres , & la fepulture triomphante , enuironnée de captifs , & des Enfeignes remportées fur les Ennemis , honorerent les cendres de cét Heros & de cét efprit martial , qui comme vn autre Cefar remplit toute l'Italie de fes exploits militaires , pour y faire triompher la gloire des François.

Cette infcription fut mife à fon honneur au bas de fa ftatuë.

GASTONI FOXAEO MARTI GALLICO,

Quòd auorum exemplo, fluctuanti Galliæ, suis & excelsæ posteritatis armis hæreditariâ deffensione opportunè subuenerit, quòd pro regni Regúmque salute & incolumitate fortiter feliciterque pugnauerit.

PVBLICI MAGISTRATVS VOTORVM COMPOTES VIRO TRIVMPHALI EREXERE.

Dans la table d'attente qui estoit au dessus de cette niche, on lisoit ses vers.

 Gaston qui fut jadis la gloire des Guerriers,
 La force de nos Lys & la mesme Vaillance,
 En la fleur de ses ans pour l'estat de la France,
 S'enseuelit dans les Lauriers.

A. Temple de Ianus.

B. L'Enuie qui ronge son cœur.

C. La Discorde.

D. La Rebellion ayant vn glaiue rompu & ensanglanté à la main.

E. La Deesse Pallas representant les Sciences.

F. Vne Nymphe portant quantité de compas, d'outils & autres instrumens representant les Arts.

G. Vne Reyne portant vn vase d'or à la main representant les richesses.

H. Vne Deesse auec vn cornet sur son bras rempli de toutes sortes de fruits pour exprimer l'Abondance.

I. L'image de la Paix portant vne branche d'Oliue à la main droite, & vn Caducée à la gauche.

Godron inus.   M Mathieu fecit Sculp

DESSEIN DV FEV D'ARTIFICE QVI FVT TIRE EN LA PLACE DE LA SAINCTE
CHAPELLE LE IOVR DE L'ENTREE DE SON ALTESSE.

DESCRIPTION
DV FEV DE IOYE.

OVTE cette magnificence estant vn effect de l'amour & des respectueuses defferentes des Citoyens, pour l'arriuée DE SON ALTESSE, ils voulurent encores faire esclatter les flames de leurs affections par les feux d'artifices, qui furent a cette occasion dressés en la place de la saincte Chapelle, le sujet fut vn dome du temple de Ianus d'ordre Ionique de figure octogone, duquel les quatres faces monstroient au peuple quatre portes fermées auec des verroux de fer ; & les quatre autres faces outre les beautés de la Symmetrie, & les ornemens de l'Architecture tous de festons en Cirage donnoient vn merueilleux contentement aux Spectateurs qui pouuoient contenter leur veuë de quatre figures d'vne grace & beauté nompareille qui n'apportoient pas vn mediocre ornement aux niches dont cette Architecture estoit composée.

La premiere estoit vne Pallas qui representoit les Sciences.

La seconde figure tenant vne pallette, des pinceaux, des couleurs, vne regle & vn compas en ses mains & mesme quantité de differents outils arrangés à ses pieds, faisoit connoistre aux assistans qu'elle tiroit sa denomination des operations manuelles, aussi exprimoit-elle en ce sens les Arts & toutes les differentes Professions.

La troisiéme vne Reyne d'vn maintien auguste & gracieux reuestuë d'vne robe de fin or & d'vne couronne Royale ou les diamans, les pierreries & les perles donnoient vn lustre & vn brillant nompareil, elle portoit en sa main vn vase d'or rempli de quantité de chaines & de diamants dont vne partie sortoient d'iceluy; à ses pieds vn cornet renuersé duquel les Couronnes, les Sceptres sortans en abondance, sembloit estre la source des biens & des faueurs de la fortune, aussi exprimoit-elle en ce sens les richesses.

A son opposite & en cet espace qui remplissoit la huitiesme face

P

de cette Architecture, vne nymphe coiffée & veftuë à l'antique fembloit gaigner les cœurs de la populace par la douceur de fon vifage riant par les efpics de bled, par les raifins & par les autres fruits qu'elle portoit fur fon bras à la façon de fes anciennes diuinités, auffi eftoit-elle exprimée en ce lieu pour fignifier l'abondance & la fertilité defignée par la corne d'Amalthée, qui rempliffoit cette niche de toutes les chofes qui contribuent à la fubfiftance des creatures.

La partie fuperieure de ce temple qui s'efleuoit en forme de dome releuoit fur vn pied deftal vne Vierge habillée de blanc laquelle prefentant l'Oliue aux Spectateurs fe faifoit afsés connoiftre pour l'image de la Paix.

Au bas de tout cet edifice aux quatres coins du theatre, qui eftoit de vingt pieds en quarré, quatre figures ou pluftôt quatre furies infernales fembloient s'oppofer à la ioye publique leur fureur fe lifoit dans leurs yeux, fur leur vifage & dans leurs actions qui paroiffoient encores menaffer la ftructure de ce Temple.

La premiere eftoit l'enuie qui rongeoit vn cœur.

La feconde eftoit la Difcorde dont le Chef entouré de Serpens laiffoit vne certaine horreur aux Spectateurs, qui s'augmentoit encores par vne torche ou flambeau eftouffé qu'elle prefentoit en menaffant.

La troifiefme eftoit la Rebellion qui l'efpée à la main portoit encores fur fon vifage l'image de fes paffions & de fa defobeiffance ; mais fon glaiue rompu eftoit vne marque vifible de fon impuiffance.

La quatriefme eftoit la reprefentation de la guerre qui tenoit en fa main la garde d'vne efpée.

Ainfi toute cette ftructure faifoit connoiftre en fon fens moral, que quelque enuie qui ayt toûjours trauerfé les deffeins & perfecuté les vertus DE SON ALTESSE, ayant appaifé les diuifions inteftines & eftouffé les femences de la difcorde qui eftoit parmy nos Citoyens, ayant vaincu la Rebellion & terminé la guerre en cette Prouince pour nous fauorifer du bien de la Paix, les Bourguignons fe deuoient promettre que deformais fous fon heureux Gouuernement SADITE ALTESSE fera refleurir les Sciences, & les Arts, & ramenera pareillement les richeffes & l'abondance en cette Prouince.

EXPLICATION
DV FEV DE IOYE.

Tiré en la place de la sainte Chapelle,
de Dijon le huictiéme May, mil six
cent cinquante six, iour de l'Entrée
DE SADITE ALTESSE.

Vʀ vne corniche de vingt pieds en quarré qui compofoit le Theatre deftiné pour le Feu, ces vers eftoient efcrits fur vn fond d'azur.

Que la gloire aujourd'huy, & la magnificence,
Montrent que dans les foins de ce iufte appareil,
Dijon parmy les feux de fa rejouiffance,
Ne vit dans fon pourpris jamais rien de pareil.

Les Romains, les Grecs & les autres Nations moins barbares apporterent autresfois vne finguliere diligence à conftruire des Temples aux Dieux qu'ils eftimoient les auoir tirés de la vie fauuage à vne vie reglée par la politeffe des mœurs & de la conuerfation Ciuile.

C'eft auffi à ce fujet qu'ils firent conftruire des Temples au Dieu Ianus dont le premier fut autresfois erigé par Numa fecond Roy des Romains, mais à deux faces feulement, & en deux fort petites Chappelles proche le Theatre de Marcellus, mais du depuis la Republique augmentant fes limites par la profperité des armes Romaines elle en accreut auffi la magnificence : car dans la Conquefte du pays des Falifques s'eftant treuué parmy les defpoüilles des Ennemis vn fimulachre de Ianus à quatre faces, il donna lieu à la tranflation qui fut faicte du depuis du temple precedemment

P ij

dedié par le Roy Numa à Ianus Bifrons en vn autre endroit de la
Ville qui s'apelloit le Marché des Passants & ce temple, (si nous
en croyons Lilius Gyraldus) estoit à quatre portes lesquelles de-
meuroient toûjours ouuertes en temps de guerre & pareillement
estoient fermées en temps de Paix.

> *Sunt geminæ belli portæ (sic nomine dicunt)*
> *Religione Sacræ, & sæui formidine Martis.*
> *Centum ærei claudunt vectes, æternáque ferri*
> *Robora, nec custos absistit limine Ianus.*
> *Has, vbi certa sedet patribus sententia pugnæ,*
> *Ipse Quirinali trabea, cinctúque Gabino*
> *Insignis reserat stridentia limina Consul.*
> *Ipse vocat pugnas, sequitur tum cætera pubes.*

Cette ancienne ceremonie donna lieu au nouueau dessein qui
fut pris par les Magistrats pour la decoration du Feu de ioye qui fut
dressé à l'Entrée de S. A. & non pas sans sujet, puis mesmes
qu'au temps de sa premiere arriuée en cette Prouince, Il trouua
non seulement la ville de Dijon; mais encores toute la Bourgongne diuisée en plusieurs & differents partis qui fomentoient vne
guerre Ciuile, & comme sa prudente conduitte, sa diligence & ses
armes en auoient estouffé toutes les semences mesme dans leurs ori-
gines, les choses estant pacifiées, c'estoit à iuste titre que ce Temple
de Ianus fut erigé auec ces mots qui témoignoient que c'estoit vn
effet des soins de la vigilance & du courage DE SON ALTESSE.

PACE IN BVRGVNDIA VBIQVE PARTA IANVM CLVSIT.

MAis quoy l'enuie cette furie infernale qui s'afflige ordinairement des prosperités d'autruy & qui tallonne incessamment les
pas de la vertu pour luy faire faire des desmarches, ou souffrir des
persecutions ne pouuant supporter l'esclat des Victoires DE SON
ALTESSE n'en pouuoit aussi souffrir les representations, son œil
oblique & sa dent acerée qui ne se nourrissoit que de nos mal-heurs

& que nos prosperités emmaigrissent, taschoit de ietter la pomme de discorde parmy les esprits que la reconnoissance, l'vnion, & la concorde conduisoient vnanimement à leur deuoir dans cette publique réjouïssance.

> *Hinc & grauis exitus æui,*
> *Insultare malis, rebusque ægrescere lætis.*

Statius i.
Thebaid.

A cet effect elle desploye tous ses artifices, sa malice & sa fureur pour faire renuerser les preparatifs de cet appareil sur la croyance qu'elle à qu'en respandant son fiel elle pourra pareillement esteindre les feux que la ioye publique destinoit au retour DE VOSTRE ALTESSE, mais comme l'amour les auoit allumés, la saincteté de ses flames n'estoit pas exposée à ses indignités, & quoy que nous vissions, mais non pas sans ressentiment, les nuages qu'elle vous opposoit pour offusquer les rayons de vostre gloire, nous sçauions fort bien que cette Megere perdroit ses forces en attaquant vostre honneur & qu'a la fin comme vne Hydre infernale elle porteroit aussi la peine de sa temerité, & que celle la seroit estouffée parmy nos feux, qui auoit voulu reffroidir les cœurs de tous nos Citoyens pour vous priuer des fruits de vos victoires, c'est la raison qui obligea les Magistrats de placer cet oyseau funeste à l'vn des coins du pied destal en la posture d'vne vieille femme dont les ans, la malice, & la maigreur auoient descoloré & descharné le visage, laquelle transportée d'vne brutale, mais violente fureur faisoit paroistre quelque reste de dents lesquelles par vne rage affamée & impuissante contre VOSTRE ALTESSE, elle employoit contre elle mesme mordant & deschirant son propre cœur qu'elle tenoit à sa main en attendant que l'artifice du Feu fit creuer la machine dont elle estoit composée à fin de rendre ce mot veritable, *Rumpatur quisquis rumpitur inuidia*, au bas estoit escrit.

> *L'Enuie d'vn œil outré meßager de sa rage,*
> *Oppose à leur esclat l'horreur de son flambeau;*
> *Mais son cœur enfumé, sa palleur au visage,*
> *Descouure le destin qui la mene au tombeau.*

Ces quatres vers fournirent de belles, mais rauissantes conceptions à ceux qui portoient ses couleurs, qui par la suitte de vos Victoires se treuuerent reduits au desespoir, vos progrès leurs estans autant de nouueaux sujets de douleur, ils creuoient de dépit de

nos ioyes & des heureux fuccés DE VOSTRE ALTESSE, & for-
moient dans leurs efpris des imprecations contre leurs propres Soldats, parce que leur volonté quoy qu'elle fut fecondée d'vne opinia-
treté obftineé n'auoit eu ny la force n'y l'affeurance ny le fuccés
qu'ils defiroient pour combatre vos Armes ny fouftenir vos affaus.

A l'oppofite de cette figure l'on voyoit la fœur germaine de la
Fureur. Ie veux dire la difcorde, fa mine menaffante, fon œil enfla-
mé, fes cheueux efpars, & la difpofition efgarée de fon corps vsé,
maigre, haue & defcharné faifoient connoiftre qu'elle eftoit agitée
de quelque efprit de fureur, d'inquietude & de brutalité qui la rongeoit interieurement, fa main qui faifoit monftre d'vn flambeau
fembloit auffi allumer dans les cœurs vne contrarieté brutale &
fomenter la Difcorde, c'eftoit ce flambeau de diuifion dont on
auoit autres fois tant menafsé d'embrafer cette Ville fi SON
ALTESSE, dont les bontés font incomparables par vn Efprit
de Paix, qui luy eft naturel n'euft efté enuoyée par Sa Majefté en
cette Prouince, pour temperer tous fes feux, amortir fes chaleurs &
eftouffer ces flambeaux & toutes fes femences de diuifion. *Decet
Regalis apicis curam generalitatis cuftodire concordiam.*

C'eft auffi cét Ange de Paix qui à difpofé les cœurs & les volontés de nos Citoyens à l'amour mutuel, à l'Vnion & à la Concorde,
c'eft luy mefmes qui a expulfé les Rebelles qui en vouloient troubler le repos qui a chafsé les Coureurs qui nous empefchoient la
iouïffance de nos biens pour nous en rendre paifibles Poffeffeurs,c'eft
luy qui a cultiué les Mirthes amoureux, & les Oliues de la Paix
dont nous iouïffons encore à prefent, c'eft pourquoy les Magiftrats
pour ne paroiftre ingrats de fes faueurs auoient mis l'image de la
difcorde aux pieds de la Paix qu'il nous auoit procurée auec ces
vers.

La Difcorde la fuit dont la torche eftouffée,
Ne voit luïre chés nous que des flambeaux d'amour,
Qui parmy les grandeurs d'vn Illuftre Trophée,
Dans l'obfcur de la nuit font naiftre vn autre iour.

A l'autre Angle l'on voyoit vne femme qui dans la feuerité d'vn
regard menaceant, donnoit quelque frayeur aux Affiftans, auffi ne
refpiroit-elle que le maffacre, l'efpée mefme fanglante & rompuë
qu'elle portoit à la main, faifoit croire qu'elle retournoit fraiche-
ment de quelque expedition militaire; C'eftoit l'image de la Re-

bellion, ceste peste publique qui fait gloire de diuiser les Estats, de fouleuer les sujets, former des partis, d'enleuer les places, & de choquer l'authorité Souueraine & legitime pour establir en son lieu le crime, la desobeissance, & l'impunité. Elle auoit fait tous ses efforts en cette Prouince pour authoriser son insolence & choquer la Majesté Royale, mais SON ALTESSE, par l'heureux succés des Sieges cy-dessus mentionnés, ayant dissipé ses forces, aneanti ses desseins, & renuersé son orgueil, Il l'a enfin reduite & contrainte de céder à ses armes dont vous voyés qu'elle paroist encores triste parmy les feux de cette solemnité, mais son espée rompuë estant la marque veritable de son impuissance, celle qui mettoit la frayeur par tout, est maintenant destinée pour donner du plaisir dans l'appareil de ses réjouissances publiques, & ses suppots, qui par bien-seance plustost que par affection venoient A VOSTRE ALTESSE pour se réjouir de l'heureux succés de ses Armes, faisoient ce qu'ils n'auoient pas dessein de faire, & si sa langue en loüoit les progres, le cœur en maudissoit le succés, & si elle blâmoit l'Ennemy vaincu, le cœur en desploroit l'infortune, si la bouche en diffamoit la conduitte, le cœur adherant à leur rebellion desploroit interieurement leur deffaite pendant que la passion qui leur rongeoit le cœur leur faisoit secrettement proferer mille maledictions.

Au dernier espace on auoit representé la Guerre, cette fureur infernale qui met les Armes à la main des Peuples, pour conspirer leur propre ruine, elle auoit embrasé toute la Bourgongne laquelle estant demeurée comme l'objet des persecutions, son sein n'estoit ouuert que pour y voir deschirer ses entrailles par ses propres compatriotes, nos Citoyens enleués, rançonnés & tués, la campagne desolée par les massacres, les rauissements & le feu, nous representoit vn siecle de fer, de fureur & de sang lors que SON ALTESSE, ayant compassion de nos miseres, voulut par ses armes terminer les mal-heurs de la Guerre & lier les mains à cette fureur, ce qu'il fit auec tant de dexterité, de courage & de force, que la guerre estant terminée, il ne nous en est demeuré que l'Image qui fut exposée au public pour conuertir les feux de desolation en des flammes de resioüissance, puis qu'elle paroissoit en ce lieu comme desarmée, ce qui donna lieu aux vers qui seront inserés en suitte de l'explication de l'image de la paix.

Nous auons precedemment remarqué que la sommité du temple de Ianus estoit ornée d'vne figure d'vne beauté merueilleuse, dont les habits flottants au gré du vent, resioüissoient par la lueur de l'or

& la candeur de leur eſtoffe, ceux que la curioſité ou la celebrité de cette Entrée auoit portés à remarquer la pompe de cet edifice, en ſa main elle portoit vne branche d'Oliuier qui donnoit à connoiſtre que c'eſtoit l'image de la Paix laquelle comme elle eſt vne tranquilité ordonnée de pluſieurs eſprits concourants au bien, auſſi eſt-elle vne ſerenité qui tient l'ame à repos.

C'eſt le plus aymable lien de la ſocieté Ciuile, la Sœur de la Iuſtice, la compagne de la Charité qui aſſoupit les feux de la colere & eſtouffé les ſimultés dans leur naiſſance ; Son Nom eſt doux & ſpecieux & ſes effets ſont encores plus ſalutaires, par elle l'abondance des champs, l'vtilité particuliere, la grandeur des Villes, des Republiques, des Royaumes, & meſmes des Empires trouuent leur conſeruation, c'eſt le chef-d'œuure de la vertu.

Baptiſta
Mantuanus
de Pace.

Pax plenum virtutis opus, pax ſumma laborum,
Pax belli exacti precium eſt, preciumque pericli.

Elle eſt agreable à Dieu & aux hommes, elle eſt ſaincte & porte l'aſſeurance & la tranquilité par tout, auſſi eſt-elle deſirée de tous pour maintenir l'vnion dans les Eſtats & l'ordre dans la Politique.

Pauſanias raporte que dans la ville d'Athenes l'on voyoit vne ſtatuë de la Paix qui tenoit Plutus entre ſes bras; & les Anciens ont feint qu'elle eſtoit ſa nourrice, pour donner tacitement à entendre que les richeſſes & l'abondance ſont les effets d'vne profonde Paix, & qu'elles ſe conſeruent mieux durant la Paix que pendant le tumulte des Guerres, qui fait ceſſer le commerce & le labourage ; auſſi la tiennent ils amie de Ceres au rapport de Tibulle.

Interea pax arua colit, pax candida primùm
Duxit araturos ſub iuga curua boues.

Toutes ces choſes ne ſont qu'vne image des bon-heurs qui ſe preparent & qui doiuent feliciter le Gouuernement DE SON ALTESSE, qui protege nos Cytoyens à la Ville, qui conſerue leurs biens à la Campagne, qui les garentit des inuaſions des trouppes Ennemies & de ſes Campagnes hibernalles, ou quartiers d'Hyuer qui ſont autant à la charge qu'à la protection des Prouinces.

C'eſt auſſi pour cela que la partie la plus eminente de toute cette Architecture portoit l'image de la Paix laquelle par la beauté de ſes habits qui approchoient de la blancheur de la neige, denottoit,

que

que la candeur des actions des hommes entretient l'vnion Ciuile, qui fe trouble facilement par les fourbes & cauillations, fon manteau de couleur azurée denottoit qu'elle tiroit fon origine des Cieux, auffi eft-elle le prefent ineftimable de la Diuinité, qui fe diftribue à toutes les Nations par les Ordres de leurs Souuerains, pour feliciter leur regne de ce bon-heur, ainfi qu'il arriua à ces Illuftres Empereurs Augufte Tite, Trajan, & à tous les Antonins.

Le Caducée qu'elle portoit en l'autre, eftoit pareillement le Hieroglyphe de la Paix, qui fut vn bafton ou verge, que Mercure receu d'Apollon en efchange de la lire qu'il luy donna (fi nous croyons aux fictions Poëtiques) cette baquette portoit par tout la felicité & les richeffes & du depuis les Serpens y furent adjouftés, pource que Mercure auec icelle en ayant arrefté deux qui fe battoient, ils furent incontinent pacifiés, la Prouince eftant diuifée par des malueillances & des partialités, & par les foins & l'entremife DE SON ALTESSE, iouïffant à prefent d'vne conftitution tranquille & affeurée, l'on auoit auffi mis le Caducée à la main de cette figure, comme l'image d'vne felicité pacifique dont le Public iouïffoit par l'entremife DE SON ALTESSE, qui nous en fait goutter les douceurs mefmes dans les premieres années de fon Gouuernement, qui donnera lieu aux quatre figures, qui eftoient fur ce temple de Ianus. Il fera heureufement reflorir les Arts, & les Sciences & ramenera pareillement les richeffes & l'abondance en cette Prouince.

Bellone n'en peut plus ce Vainqueur la defarme,
Et le Ciel fecondant l'ardeur de nos defirs,
Ramene à fon retour la doûceur & le calme,
La Science, les Arts, la Paix, & les plaifirs.

Acheués MONSEIGNEVR ces heureux commencemens, que VOSTRE ALTESSE donne la pefection à ce grand Ouurage, qui forme la meilleure partie de nos fouhaits, & apres auoir par la prudence de vos Confeils renuersé & confondu les deffeins des Rebelles & des Enuieux, apres auoir par voftre iudicieufe conduite eftouffé le flambeau des diuifions inteftines, pour allumer par tout les Feux de la ioye publique, apres auoir par la Iuftice de vos Armes mis fous le ioug la Rebellion & fait reffentir à fes fuppots le pouuoir de l'authorité Royale, en terminant la Guerre maintenés nous ce riche & defiré prefent de la Paix; maintenés

Q

nous, dif-je, ce precieux threfor dont vous aués voulu bien-heu-
rer cette Prouince , conferués nous à longs Siecles cette Fille du
Ciel , cette Mere de noftre bon-heur & de la felicité publique ; à fin
que parmy les douceurs d'vn Gouuernement pacifique, les Peuples
reffentants puiffamment les effets de voftre Protection ; ils ayent plus
de fujet d'adjoufter aux honneurs qui font deües à la dignité de voftre Perfonne, à la fplendeur de voftre Naiffance & à la Magnanimité de voftre Courage , ces fainctes Benedictions qui doiuent
eternifer voftre Memoire , & feliciter la durée de voftre Gouuernement, ce font les vœux de tous les Citoyens, qui font DE
VOSTRE ALTESSE.

Les tres-humbles tres-obligés, & tres-
obeïffants Seruiteurs.

E mesme iour sur & enuiron les neuf-heures du soir en suitte de l'inuitation des Magistrats, SON ALTESSE, auec Monsieur le Vicomte Majeur accompagné de tout le Corps de la Chambre & d'vne Paroisse qui estoit en armes, estant allée en la place de la saincte Chappelle, eust le contentement de voir iouër tout l'appareil de ce Feu d'artifice, qui par plusieurs & differentes reprises redoublant ses departements, fit que le Public en receu pareillement de grandes satisfactions, ce Feu fut secondé de plusieurs volées de Canon tirées tant de la Ville, que du Chasteau à fin de faire part à toute la contrée voisine de la celebrité de cette Entrée.

Les Concerts de Musique n'y furent pas oubliés, Monsieur Griquette Aduocat en Parlement & Escheuin de la ville de Dijon, en ayant pris le soin, aussi bien que de la Composition de la Lettre desdits airs de Musique, comme pareillement d'vne partie des vers, qui ont esté distribués sur les Portiques, & sont inserés en ce Volume pour la satisfaction publique.

Air de Musique, chanté à l'Entrée
DE MONSEIGNEVR LE DVC
D'ESPERNON.
AV ROY.

Beau Fleuron des François, fils aisné de la gloire
Ornement de l'Histoire.
Vostre rare valeur, qui charme les mortels,
Merite des Autels.

Le Ciel vous à fait naistre, en faueur de la France,
Pour dompter l'insolence.
Des Cœurs presomptueux, dont la Rebellion,
Flattoit l'ambition.

Ce succés fortuné par l'Eclat de vos Armes,
Ne laisse que les larmes.
D'vn remord eternel, à tous vos Ennemis,
De leurs crimes commis.

Que vostre authorité, triomphe de l'Enuie,
Et qu'vne longue vie.
Vous fasse parmy nous, appuyér desormais,
Les douceurs de la Paix.

Autre air de Musique, chanté au mesme effect.

A MONSEIGNEVR LE DVC D'ESPERNON.

Merueille des Cieux, œil du monde,
Roy des Saisons, objet d'amour;
Quitte ce triste sein de l'onde,
Et viens nous donner vn beau iour.
Puisqu'vn Heros, par sa puissance,
Des sujets reuoltés, a dompté l'insolence.

Peuples de l'air, dont l'harmonie,
Charme le silence des Bois,
A l'honneur de ce Grand Genie,
Poussés les fredons de vos voix,
Et chantés par tout, qu'vn Alcide,
De la Rebellion, fut l'aymable homicide.

Nous n'auons plus dequoy nous plaindre,
Nos cœurs, ou regnent les vertus,
Sont en estat de ne rien craindre,
Les Albions sont abbatus,
L'orgueil, l'insolence, & la rage,
N'osans plus resister, à ce braue courage.

Puisque la fortune, & les armes,
De l'incomparable ESPERNON.
Ont destruit l'objet de nos larmes,
Allons en faueur de ce Nom,
Pour marque de cette victoire,
Au Temple de l'honneur, eterniser sa gloire.

F I N.

A DIION,
DE L'IMPRIMERIE
DE
P. CHAVANCE.

M DC. LVI.